Dimensões biológicas do treinamento físico-esportivo

Benedito Pereira
Tácito Pessoa de Souza Junior

2ª edição
Revisada e ampliada

Phorte editora

São Paulo, 2011

Dimensões biológicas do treinamento físico-esportivo

Rua Treze de Maio, 596
Bela Vista – São Paulo – SP
CEP: 01327-000
Tel/fax: (11) 3141-1033
Site: www.phorte.com.br
E-mail: phorte@phorte.com

CIP-BRASIL. CATALOGAÇÃO-NA-FONTE
SINDICATO NACIONAL DOS EDITORES DE LIVROS, RJ

P489d
2.ed.

Pereira, Benedito, 1961-
Dimensões biológicas do treinamento físico-esportivo / Benedito Pereira, Tácito Pessoa de Souza Junior. - 2.ed. - São Paulo : Phorte, 2011.
224p. : il.

Inclui bibliografia
ISBN 978-85-7655-328-1

1. Educação física. I. Souza Junior, Tácito Pessoa de. II. título.

11-5727. CDD: 613.7
CDU: 613.71

05.09.11 13.09.11 029477

Impresso no Brasil
Printed in Brazil

Este livro foi avaliado e aprovado pelo Conselho Editorial da Phorte Editora.
(www.phorte.com.br/conselhoeditorial)

Dimensões biológicas do treinamento físico-esportivo

Instituto Phorte Educação
Phorte Editora

Diretor-Presidente
Fabio Mazzonetto

Diretora-Executiva
Vânia M. V. Mazzonetto

Editor-Executivo
Tulio Loyelo

Dedico esta obra aos meus familiares, amigos, professores e alunos,
em especial à Izabel, Sophia e Maria Rita.

Benedito Pereira

Em especial aos meus amores Elliade (mãe), Juliane (esposa), Tágide e Thayla (filhas).
Aos familiares, amigos, alunos e aqueles que hoje são minha
segunda família (Sérgio, Larissa, João Victor e Maria).

Tácito Pessoa de Souza Junior

"Os autores agradecem a todos os leitores da 1ª Edição e a Editora Phorte pela parceria e colaboração".

"A questão muitas vezes não é ver o que ninguém ainda não viu,
mas ver o que todos veem de uma maneira nunca antes vista".

Arthur Schopenhauer

Prefácio

Em virtude das influências biológicas em EFE (Educação Física e Esporte), conceitos derivados de estudos na Fisiologia, Bioquímica e Nutrição são aplicados ao TFE (treinamento físico-esportivo), como adaptação, homeostase, rendimento, *steady state* e ajustamento. Embora tais conceitos sejam atualmente alvo de intenso debate, não observamos essa preocupação nas duas áreas citadas. Por exemplo, adaptação é geralmente considerada modificação ocorrida no organismo diante da execução de qualquer tipo de atividade física. Outro exemplo é o de rendimento que é normalmente utilizado como sinônimo de desempenho, tanto na mídia como na EFE. Além de discutirmos neste livro tais conceitos, serão também abordadas questões sobre eficiência no aproveitamento bioenergético durante o exercício físico, fatores que interferem negativamente nessa variável e possíveis efeitos do TFE quando aspectos quantitativos são enfatizados em razão da influência da supercompensação e especialização.

Efeitos específicos do treinamento em virtude da supercompensação podem explicar em curto prazo a elevação no desempenho físico em razão do exercício físico praticado, sendo a especialização o princípio responsável pela organização do treinamento tendo em vista a não execução de atividades físicas não relacionadas diretamente com a especialidade do atleta. Contudo, os efeitos da supercompensação com base na especialização podem, em médio e longo prazo, ser responsáveis pela estagnação do desempenho físico, configurando aquilo que os autores denominam barreira de desempenho.[1] Portanto, supercompensação e especialização são conceitos intimamente relacionados.

Barreira de desempenho físico ocorre quando o TFE não exerce o efeito esperado, significando perda da capacidade de elevar o desempenho mesmo se submetendo ao treinamento físico regular. Esse problema é geralmente explicado de duas formas: modificações propiciadas pela sobrecarga do exercício atingiram o limite biológico imposto pelos genes; processos fisiológicos, bioquímicos e moleculares foram insensibilizados devido à repetição do exercício físico praticado. O primeiro item não encontra justificativa científica porque existem poucas pesquisas sobre genética e exercício físico. Quanto ao segundo, o leitor certamente já foi informado do uso de drogas por seus consumidores, que sempre acabam tendo de aumentar a dose para que estas exerçam o mesmo efeito. O mesmo ocorre com o exercício físico, que, para desestabilizar a funcionalidade orgânica e celular e gerar estímulo para a supercompensação, deve ter sua carga de trabalho elevada frequentemente. O primeiro tipo de barreira pode ser considerado natural e inerente à individualidade biológica; já o segundo está relacionado com as condições de vida ou de prática do TFE.

Portanto, TFE organizado segundo a supercompensação e especialização visando à elevação no desempenho pode, em longo prazo, tornar o organismo humano insensível à sobrecarga do exercício físico. Ou seja, a especialização é uma faca de dois gumes: por um lado, favorece o desenvolvimento rápido de capacidades físicas particulares e de maneira isolada; por outro, quanto mais se especializa, menor passa a ser o potencial para o organismo continuar elevando o desempenho. Esse fenômeno pode ser precipitado quando procedimentos derivados da especialização e da sobrecarga são adotados nas fases iniciais do desenvolvimento humano (especialização precoce), principalmente até o início da puberdade ou da adolescência, podendo abreviar o tempo de vida "útil" do atleta. De fato, segundo Hegedus, "*es la especialización un freno o barrera para el logro de altos rendimientos esportivos*".

Para discutir neste livro os problemas previamente citados, os autores o organizaram em três partes que procuram primeiramente introduzir informações básicas e pos-

[1] Neste livro será explicada a razão de os autores não utilizarem mais, como em livro anterior, a expressão "barreira de rendimento". Tal expressão possui conotações bioenergéticas e relacionadas com eficiência.

teriormente informações mais aprofundadas. De fato, na introdução geral deste livro são abordados temas envolvendo as áreas de Esporte e Educação Física com o objetivo de situar o objeto de interesse aqui discutido. Sugerimos que tanto uma quanto outra área deveriam estar diretamente envolvidas com questões técnicas, e não com pesquisa básica ou aplicada envolvendo problemas de Biodinâmica, Psicodinâmica e Sociodinâmica. Na verdade, problemas específicos dessas áreas são pouco investigados.

Este livro aborda questões aplicadas que se situam na Biodinâmica, de que fazem parte a Fisiologia, a Bioquímica e a Nutrição, dentre outras. Portanto, essas questões devem ser de interesse tanto para o Esporte como para a Educação Física ou áreas relacionadas, como a Fisioterapia. Um problema aqui abordado e pertencente à Biodinâmica é a maneira como suas pesquisas são conduzidas em suas investigações, que se caracterizam por serem essencialmente reducionistas e mecanicistas, como no estudo da fadiga, em que se notam vários fatores ou mecanismos descritos e possivelmente relacionados com o problema, mas sem se encontrar uma explicação adequada para ele.

- Isso ocorre porque o problema não pode ser explicado por um fator isolado que sirva de mecanismo explicativo deste. Mesmo nos estudos de Noakes,[1] por exemplo, no conceito de governador central, como tentativa de explicar a fadiga como resultante de um sistema de proteção que é desencadeado para impedir que o organismo se exponha ao exercício físico acima de sua capacidade, encontram-se indícios do paradigma reducionista e mecanicista, principalmente no uso do termo homeostase ou ponto fixo, que serve como referência de normalidade fisiológica. Homeostase foi primeiramente sugerida por Cannon tomando por base os trabalhos de Claude Bernard que, conjuntamente, enfatizavam a importância da estabilidade como critério para a vida independente. Posteriormente, justificativas para a validação desse ponto de vista foram encontradas na teoria do controle desenvolvida no século XX pelos primeiros ciberneticistas.

Na primeira parte do livro, o conceito de TFE é discutido, realçando as influências que o mecanicismo e o reducionismo exercem em pesquisas biodinâmicas para tentar compreender efeitos (fisiológicos, bioquímicos e genéticos) do exercício sobre o organismo, por meio da discussão do conceito de adaptação e sobrecarga. A inviabilidade do conceito adaptação no TFE já foi objeto de investigação em obras anteriores dos presentes autores, sendo aqui atualizada com a noção de epigenética e sua aplicação nessa área, ressaltando que fatores extraorgânicos e celulares, como experiência de vida e cuidados com crianças nos primeiros anos de vida, podem afetar sobremaneira aspectos do DFE (desempenho físico-esportivo) e a saúde em etapas mais tardias do desenvolvimento humano. Outros termos que serão discutidos são as noções de respostas agudas e crônicas, normalmente descritas como adaptações no TFE. Essas noções são assim definidas em razão do conceito de estresse e adaptação de Hans Selye, que não está de acordo com teorias mais amplas da Biologia.

De certa forma, pode-se dizer que todas as modificações ocorridas no organismo pelo TFE visam a disponibilizar a energia armazenada na forma de substratos para a realização do trabalho físico. O tema da segunda parte do livro, portanto, aborda questões de Bioenergética e eficiência na utilização da energia na realização do trabalho físico-esportivo ou na estocagem do alimento consumido, assim como novas propostas teóricas para as noções de homeostase, estresse e obesidade. De especial importância são os conceitos relacionados com eficiência, como economia de corrida, rendimento esportivo e outras definições recentemente sugeridas. Além de a eficiência poder ser comprometida com o TFE, fatores afetados em paralelo pelo estresse desencadeado pelo exercício físico, como reprodução, perda de complexidade sistêmica e questionamentos ao uso do paradigma da supercompensação e especialização, como princípios do TFE, serão objetos de discussão.

O conceito de trabalho, por envolver deslocamento, inviabiliza-o como pertencente às áreas de Esporte, Educação Física ou Fisioterapia, já que, nestas, exercício físico nem sempre está relacionado com movimento, como na contração isométrica. Mas, como trabalho é transferência de energia, mesmo não havendo movimento em algumas formas de exercício físico, sempre haverá sua transferência e, como consequência, realização de trabalho. As próprias noções de exercício físico e atividade física serão aqui discutidas e consideradas termos ambíguos. Nesta parte do livro, também introduzimos a noção de *hormesis* (hormese) como base teórica para a aplicação de exercícios físicos ao organismo, modificando em termos absolutos o sentido de intensidade, frequência e duração do esforço físico. *Hormesis* significa para o organismo que a sobrecarga de trabalho deve ser aplicada levando em conta sua capacidade de resposta que, em doses moderadas, é benéfica, enquanto em altas doses, é maléfica. Como consequência, nota-se que o perfil da curva de resposta do organismo à sobrecarga do exercício físico ou do estresse de forma geral é do tipo não linear, revelando dois estados caracterizados como inicialmente positivo e posteriormente negativo.

Conceitos também amplamente discutidos nesta seção são os de adaptação, *fitness* e influências genéticas no DFE. Aqui são utilizadas teorias biológicas e termodinâmicas para conceituá-los. Na definição esportiva desses termos com bases fisiológicas, a ênfase ocorre em modificações no desempenho físico ou em aspectos fenotípicos. Já em definições biológicas, a maior ênfase se dá em aspectos genéticos e em eficiência bioenergética. Nosso interesse neste livro não é o de inviabilizar o uso de conceitos já considerados clássicos na Biodinâmica, mas atualizá-los e chamar atenção para seus efeitos na EFE e no DFE, que são predominantemente quantitativos. Além disso, quando definições têm caráter operacional, servindo para o propósito imediato do autor, estas não se configuram como definições básicas a serem adotadas como paradigmas porque são de difícil questionamento. Em contrapartida, quando teorias[2] são utilizadas persistentemente sem que sejam atualizadas, ou conhecimentos aceitos como válidos não são criticamente analisados, corre-se o risco de a área se estagnar e ficar obsoleta. Portanto, são importantes para a EFE, como já praticado em áreas como a Medicina e a Biologia, pesquisas e discussões epistemológicas criando-se disciplinas como Filosofia do Esporte ou Filosofia da Educação Física.

---

[2] Teorias englobam o conhecimento válido e reconhecido pela comunidade científica. Teorias podem também possuir caráter local ou global, com o segundo sendo denominado por paradigma. Antigamente se consideravam que hipótese era conhecimento a ser comprovado, enquanto que teorias, conhecimento já estabelecido. Hoje, mesmo as teorias possuem valor temporário, sendo mais adequadamente denominadas por Popper como conjecturas, já que qualquer teoria nasce com seus dias contados, mesmo que demore vários anos até ser substituída. Deve-se também diferenciar teórico de teoria. Teórico retrata aparentemente algo não originário da prática. Essa discussão já é considerada ultrapassada, pois toda proposta teórica deve se confrontar com a realidade empírica para ser considerada válida. É por isso que existem tantos laboratórios testando propostas em projetos científicos. Assim, para aqueles que considerarem esse livro muito teórico, ressaltamos que a maior parte, senão tudo o que aqui foi descrito, ou já foi verificado experimentalmente ou encontra-se em vias de ser. Consideramos neste livro que tanto Esporte como Educação Física encontram justificativas, em termos biodinâmicos, em teorias não somente biológicas, mas também na Física e na Química.

O objetivo com essa proposta não é aplicar a Filosofia ao Esporte ou à Educação Física, mas discutir filosoficamente essas áreas, viabilizando pesquisas conceituais e teóricas para atualizar seus conceitos ou mostrar suas inconsistências. Quanto à Biodinâmica, conceitos derivados da Física, da Química e da Biologia devem ser sempre atualizados, pois as teorias que servem de sustentação a eles encontram-se em contínua modificação.

Como o aspecto qualitativo[3] do TFE será abordado neste livro tendo por base a Bioenergética, é necessário que conceitos e definições sejam constantemente discutidos, pois enfatizam que utilizar os estoques de energia do organismo com eficiência, ou elevá-los no organismo tendo em paralelo a preocupação de diminuir desperdícios com a prática do exercício físico, é um dos maiores desafios das áreas citadas. De fato, existe a possibilidade de que a perda de complexidade resultante da especialização possa afetar negativamente a eficiência bioenergética. Em função disso, recomendamos aos leitores a consulta de livros básicos de Bioquímica, principalmente capítulos correspondentes à Bioenergética; ou então, livros prévios dos autores que tratam dessa temática.

Na terceira parte, os autores discutem a noção de complexidade e como esta pode ser afetada negativamente pelo TFE, principalmente tendo por base a especialização como princípio de treinamento. Perda de complexidade significa menor possibilidade para a funcionalidade na linha de comunicação existente entre os componentes do organismo ou simplificação por meio da homogeneização progressiva de seus constituintes. Perda de complexidade será exemplificada na segunda parte com dados de Enzimologia e exercício físico, porque há indícios de que várias enzimas sofrem alterações específicas, modificando a dinâmica de funcionalidade do metabolismo celular. Essas alterações po-

---

[3] Neste livro nos referimos ao aspecto quantitativo quando o objetivo é elevar os estoques de substratos energéticos do organismo, como o glicogênio, por meio do treinamento físico ou da dieta de supercompensação. O mesmo é verificado em treinamento físico envolvendo hipertrofia muscular ou elevação da força. Mesmo em exercícios prolongados, a quantidade aparece como meio explicativo dos efeitos positivos identificados no desempenho, como maior volume sistólico, consumo de oxigênio máximo e atividade de enzimas do metabolismo celular. No sangue, é destacada a maior quantidade de hemoglobina devida a esse tipo de treinamento etc. Aspectos qualitativos enfatizam a eficiência bioenergética e biomecânica, que deve ser elevada em paralelo aos aspectos quantitativos. Entretanto, por razões naturais, a eficiência bioenergética é muito pouco modificada no organismo com o TFE comparativamente aos aspectos quantitativos. O consumo de energia durante o exercício físico diz respeito principalmente à economia de movimentos melhorada pela aprendizagem ou por certa quantidade mais bem-aproveitada de elementos não contráteis do músculo esquelético.

dem ocorrer na cinética enzimática (constante de Michaelis-Menten [km] e velocidade máxima [Vmax]) ou na sua síntese proteica. Receptores hormonais em superfícies de membranas são também insensibilizados ou têm suas quantidades diminuídas em razão do estímulo monotonamente aplicado ao organismo.

Nesse contexto, a teoria do controle com base em realimentação negativa ou positiva é importante na conceituação de rede. A teoria das redes foi amplamente discutida por Barabasi[2] enfatizando a importância de certos aspectos envolvendo trocas de informações entre as partes do organismo e seus constituintes celulares e subcelulares.[3] Um conceito importante derivado dessa teoria é o de *Hub*, que acentua o papel central exercido no sistema por alguns constituintes por possuírem maior número de interações na teia que configura, por exemplo, a rede metabólica.

Conceitos também discutidos envolvem o caráter estrutural e funcional do sistema orgânico, como fidedignidade, redundância e degeneração, como requisitos básicos na sua caracterização. Esses conceitos são derivados da teoria da informação e da comunicação discutidos por Henry Atlan,[4] assumindo conceitualmente as ideias de auto-organização e a Lei da Variedade Indispensável de Ashby. Segundo ela, sistemas complexos, para assim serem qualificados, devem possuir certo número de componentes para que possam resistir aos efeitos de estímulos estressantes. Foi demonstrado pelo autor, em sistemas-modelo, que excesso ou pequena quantidade de componentes pode dificultar esse processo. Nesse sentido, complexidade relaciona-se com número de componentes e suas interações, de forma que, quanto maior for esse valor, maior será a complexidade sistêmica dentro de certos limites. O objetivo da terceira parte do livro é justificar a utilização do conceito complexidade e sua importância caso interações do organismo com o meio ambiente venham a alterá-la.

Uma previsão das teorias da complexidade, termodinâmica e bioenergética é a de que, com a redução na complexidade sistêmica, pode haver diminuição na eficiência no uso da energia tanto para o trabalho químico (biossíntese) como para o mecânico (movimento). Já há alguns anos, os autores vêm desenvolvendo esses tópicos, abordando não só questões de DFE, mas também algumas relativas à saúde. Após discutirmos o conteúdo do livro, será colocada à disposição, no final, extensa bibliografia sobre os temas abordados ou os autores que foram citados.

Este trabalho, apesar de ser a continuidade de livro já publicado (primeira edição), foi bastante modificado e gerou dois livros que abordam problemas sobre a biodinâmica do TFE – este sobre conceitos biodinâmicos aplicados ao Esporte e à Educação Física e outro sobre o uso de auxílios ergogênicos na prática de atividade física. Portanto, neste primeiro livro, a preocupação maior é com a qualidade na utilização dos estoques de energia colocados à disposição do organismo para a realização do exercício físico. No segundo, por sua vez, o objetivo é puramente quantitativo. Portanto, o leitor deve ler e entender esses dois trabalhos de forma integrada. Um tópico excluído desta edição envolve assunto sobre exercício físico e estresse oxidativo. Mesmo assim, esse tópico não deixou de ser abordado conceitualmente e atualizado, inclusive aprimorando o nível de conhecimento sobre esse assunto, considerando que nem sempre estresse oxidativo decorrente da formação de EROs (espécies reativas de oxigênio) no organismo do praticante de exercício físico tem relações com consumo de oxigênio elevado nessa condição. Na verdade, há indícios de que o estresse oxidativo pode ser maior no repouso imediatamente após sua execução.

Os autores são gratos à colaboração do aluno de mestrado Eduardo Rumenig e ao mestre Antônio Pakenas pelas discussões que pudemos realizar sobre temas aqui abordados, sem as quais partes do conteúdo deste livro não seriam viáveis. Ressaltamos que erros ou falhas nas interpretações de conceitos ou de temas aqui discutidos e criticados são de inteira responsabilidade dos autores.

Sumário

Introdução geral

Segundo filósofos de Ciência, toda pesquisa científica inicia-se com um problema, que pode ser teórico, aplicado ou técnico, deve pertencer a uma área em particular e caracterizá-la no sentido acadêmico (Figura 1).[5] A Biologia tem por objeto de estudos a vida e suas manifestações; o Esporte, o desempenho físico máximo; e a Educação Física, o desempenho ótimo. Para que as duas últimas alcancem seus objetivos, a sobrecarga do exercício físico deve impor ao organismo humano estímulos compatíveis com a individualidade biológica e as necessidades específicas das modalidades praticadas.

Segundo opiniões atuais, para o Esporte atingir seus objetivos, a estratégia a ser utilizada é a de estimular fatores ou mecanismos diretamente envolvidos com a atividade física praticada, enquanto a Educação Física deve aplicar estímulos ao organismo humano, principalmente, voltados para a ativação de variáveis diretamente relacionadas com saúde. Existe também a possibilidade de que habilidades básicas e específicas com objetivos de aprendizagem sejam estimuladas para fins educacionais. Apesar de mais recentemente o trabalho com pesos (musculação) ter sido introduzido para estimular o fortalecimento muscular em aulas de Educação Física, a atividade física prolongada tem sido frequentemente recomendada. Assim, pode-se dizer que a Educação Física tem objetivos ligados à Medicina ou à Educação Escolar.

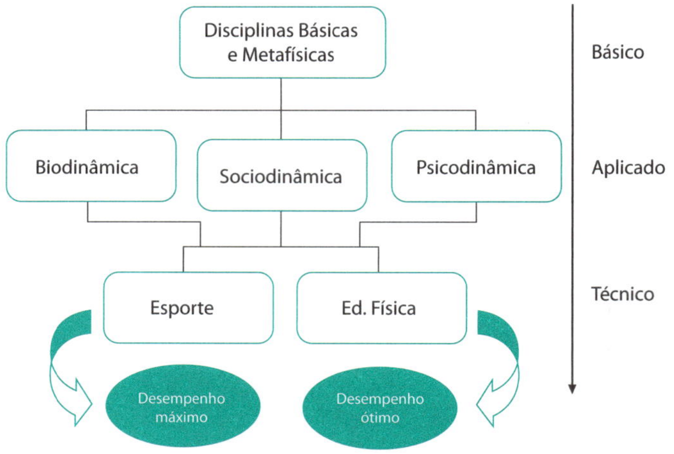

FIGURA 1 - Tipos de pesquisa em Esporte e Educação Física e áreas relacionadas.

Os efeitos do exercício físico são geralmente denominados respostas agudas ou crônicas, sendo ensinados nos cursos de EFE (Educação Física e Esporte) por disciplinas localizadas na Biodinâmica, como a Fisiologia e a Bioquímica. Respostas agudas dizem respeito às modificações rápidas ocorridas no organismo, como as induzidas pela realização de uma única sessão de exercícios físicos, enquanto as crônicas dizem respeito às modificações devidas à sua prática sistemática. Como os conhecimentos transmitidos por disciplinas biodinâmicas são influenciados por paradigmas ou teorias, o domínio prévio do conteúdo de seus conceitos, pelos profissionais dessas áreas, é fundamental. Ou seja, paradigmas ou teorias influenciam essas áreas por meio de conhecimentos teóricos e aplicados produzidos por diversas disciplinas, multidisciplinas, interdisciplinas e transdisciplinas.*

Em razão do dinamismo inerente à prática científica, espera-se que paradigmas ou teorias sejam modificados constantemente, mesmo que o processo de mudança seja lento. Portanto, faz-se necessária, em áreas aplicadas ou técnicas,

* *Disciplina* – constitui corpo específico de conhecimento ensinado nos bancos escolares, sendo caracterizada por seu histórico educacional, cursos de formação especializada em função de seu objeto e problemas dela derivados, e por utilizar métodos e técnicas aceitas. *Multidisciplinaridade* – às vezes, o problema faz que sejam necessárias informações de outras disciplinas para que seja solucionado, sem que as disciplinas envolvidas no processo sejam elas mesmas modificadas ou enriquecidas. *Interdisciplinaridade* – nesse caso, é reconhecido o enriquecimento mútuo de disciplinas participantes na solução de problemas. *Transdisciplinaridade* – aqui, é transcendida a relação entre as disciplinas envolvidas na solução do problema, havendo a possibilidade de elas terem suas bases questionadas, porque nesse caso os limites e as regras podem ser ultrapassados.

a constante atualização de seus conceitos; pois, como é bem-conhecido, conceitos dependem de teorias para possuírem significado. Em Física, por exemplo, os conceitos de tempo, massa, espaço etc. poderão assumir significados particulares se a teoria utilizada for a da relatividade ou a da Mecânica Quântica. Em Biologia, por sua vez, o conceito de adaptação poderá assumir significado diferenciado se a teoria utilizada for baseada em modelos fisiológicos ou evolutivos. *Fitness* é outro conceito que, em termos bioenergéticos, tem significado diferente daquele descrito segundo os evolucionistas e os profissionais do Esporte e da Educação Física.

Termos ou conceitos e definições devem se basear em teorias para que seus significados sejam devidamente aceitos. Conceitos inventados sem seguir essa recomendação constituem aquilo que os racionalistas críticos consideram como sendo argumentos metafísicos, porque não são passíveis de discussões e questionamentos, já que não podem ser submetidos ao teste empírico. Mesmo nas disciplinas consideradas básicas ou naquelas práticas, mas com longa história, existem tentativas de se estabelecer discussões constantes sobre seus principais conceitos, como a noção de saúde e doença pela Medicina, por meio da Filosofia da Medicina.[6, 7]

Preocupações desse nível são praticamente inexistentes em Esporte e Educação Física, o que faz termos como adaptação, fitness, desempenho, rendimento e saúde, dentre outros, serem utilizados sem base teórica e muitas vezes resultantes de opiniões ou tentativas metafísicas em defini-los. Neste trabalho, pretendemos sugerir definições ou conceituar alguns termos frequentemente utilizados nessas áreas utilizando, principalmente, teorias biológicas ou relacionadas com Bioenergética, porque entendemos que seus problemas, por serem técnicos, podem ter essas teorias como suporte. Como serão explicados a seguir, problemas aplicados investigados pela Biodinâmica em suas disciplinas, como a Fisiologia e a Bioquímica aplicadas, devem ser vistas como disciplinas que servem como suporte ou elo entre aquelas consideradas básicas e as técnicas; não sendo, portanto, pesquisas específicas sobre problemas do Esporte ou da Educação Física. Por exemplo, não é porque há hipertrofia cardíaca com o TFE

Conceitos como rendimento, *fitness*, adaptação, fadiga, exaustão e desempenho são utilizados em Esporte e Educação Física como se faz no dia a dia ou como é normalmente veiculado na mídia e por profissionais dessas áreas que atuam diretamente na prática. A justificativa em termos acadêmicos vem de citações normalmente de autores em que a teoria utilizada nem sempre se encontra evidente.

Praticantes da pesquisa científica em disciplinas básicas, aplicadas ou técnicas devem ter para si grande preocupação com termos ou conceitos, caso contrário, corre-se o risco de desenvolvimento de postura acrítica incompatível com os pressupostos da própria Ciência. Além disso, objetiva-se dessa forma evitar o crescimento desenfreado de termos ou conceitos ambíguos, como é o caso das noções de exercício físico e atividade física, ou então o uso deles seguindo opiniões sem critério científico.

(treinamento físico-esportivo) que sua investigação é um problema do Esporte. O mesmo se aplica aos estudos destinados a compreender os efeitos metabólicos ou fisiológicos do TFE sobre o organismo humano ou de animais.

Para que essas afirmações sejam justificadas, é necessário em primeiro lugar localizar na organização das disciplinas acadêmicas aquelas que mais influenciam o Esporte e a Educação Física. Quanto a isso, verificamos que disciplinas empíricas (Física, Química e Biologia) e metafísicas (Matemática, Lógica e Filosofia) contribuem com conhecimentos com características paradigmáticas, porque orientam tanto a conduta prática em suas pesquisas técnicas como nas elaboradas por disciplinas aplicadas que interferem diretamente no desenvolvimento de procedimentos na atuação profissional. Disciplinas aplicadas que colaboram intensamente com o Esporte e a Educação Física são genericamente distribuídas no subconjunto Biodinâmica, Sociodinâmica e Psicodinâmica que, na Figura 1, encontram-se denominadas no seu conjunto por Cinesiologia, que tem a função de estudar, no caso do Esporte, aspectos biodinâmicos, sociodinâmicos e psicodinâmicos do DFE (desempenho físico-esportivo). Cabe ao Esporte desenvolver meios ou procedimentos (técnicos, táticos e organizacionais) para maximizar o desempenho físico específico em cada modalidade esportiva praticada.**

Essa proposta tem por base a organização departamental da EEFEUSP (Escola de Educação Física e Esporte da Universidade de São Paulo), da qual um dos autores do presente livro faz parte, que somente possui a Biodinâmica com o objetivo de investigar problemas envolvendo modificações biomecânicas, fisiológicas e metabólicas induzidas pelo exercício físico e treinamento, dentre outras. Falta, portanto, mesmo que pesquisas estejam sendo feitas, que a Sociodinâmica e a Psicodinâmica sejam explicitamente caracterizadas em termos departamentais para que essa organização torne-se estável. Na verdade, como suas pesquisas não envolvem problemas específicos do Esporte ou da Educação Físi-

** *Aspectos técnicos* dizem respeito à qualidade do movimento executado para aproveitar melhor a energia liberada de processos metabólicos ou então a armazenada em elementos não contráteis do músculo esquelético. *Aspectos táticos* dizem respeito ao comportamento individual do atleta em relação a sua equipe ou adversários durante a competição. A *organização do treinamento* depende da competição, da modalidade praticada e dos objetivos imediatos de treinadores, atletas e equipe.

ca, não deveriam fazer parte dessa unidade administrativa universitária. Mesmo assim, e porque seus pesquisadores são na maioria oriundos dessas áreas, torna-se difícil que essa afirmação seja vista com bons olhos.

Uma crítica que se pode fazer às pesquisas biodinâmicas realizadas por suas disciplinas é que grande parte delas não leva em conta as necessidades específicas de modalidades esportivas que têm por objetivo o desempenho físico máximo. Nessas pesquisas, treinamento físico diz respeito apenas à repetição do estímulo, sem levar em conta aspectos organizacionais particulares da prática esportiva. Na verdade, pesquisas dessa natureza deveriam ser realizadas no Esporte, e não na Biodinâmica. Os autores do presente livro desconhecem tentativas anteriores feitas e publicadas quanto a esse modelo de organização, mas existem outros autores que já fizeram propostas nesse sentido, porém de maneira diferente. As disciplinas previamente caracterizadas como metafísicas ou empíricas têm por base o racionalismo crítico popperiano.

Em termos biodinâmicos, mais especificamente na Fisiologia e na Bioquímica, existem em suas pesquisas grandes preocupações em se obter dados a respeito de problemas com caráter descritivo, como no estudo dos efeitos do exercício físico e do treinamento sobre a estrutura e a funcionalidade do organismo. Exemplos são vários e podem ser encontrados em trabalhos, por exemplo, naqueles que descrevem o aumento ou a queda na atividade de enzimas, a elevação no conteúdo de glicogênio muscular e hepático, o acréscimo de proteínas em músculos cardíaco e esquelético, a elevação no consumo de oxigênio e a economia de corrida, dentre outros. Na Nutrição Aplicada também se observa essa preocupação em virtude da influência da dieta de supercompensação. Outra possibilidade é encontrada na Farmacologia, com o desenvolvimento de drogas para elevar o DFE.

Tanto o Esporte como a Educação Física caracterizam-se pela preocupação excessiva com quantidade e muito pouco com qualidade em termos bioenergéticos. Haja vista as noções de sobrecarga e supercompensação. Mais recentemente, essas disciplinas contam com o auxílio da Nutrição Esportiva para atingirem seus objetivos e, em alguns casos, do uso de substâncias proibidas

Qualquer alteração constatada em parâmetros fisiológicos, bioquímicos ou moleculares é automaticamente relacionada com algum problema em particular, assumindo-se o modelo de causa e efeito. Procedimento adotado para isso envolve o estabelecimento de correlações ou relações entre o parâmetro modificado e o problema, com o intuito de verificar se um pode ser a causa do outro. Na verdade, o problema não é o objeto de interesse imediato nesse tipo de pesquisa científica. Por exemplo, imagine um projeto de pesquisa em que se pretende conhecer os efeitos do exercício físico intenso sobre a atividade da enzima antioxidante superóxido dismutase. Essa enzima atua na decomposição intracelular do ânion radical superóxido ($O2^{\bullet -}$). Na introdução do projeto, deve ficar claro que essa informação não é conhecida para justificar sua proposição. Além disso, deve estar bem-descrita a possível utilidade da informação pretendida.

Como as enzimas possuem certa especificidade para o seu substrato, espera-se que seu aumento de atividade signifique elevação na formação de $O2^{\bullet -}$. Talvez a importância do projeto resida no fato de essa molécula ser um oxidante razoavelmente forte. Ou seja, pode retirar elétrons (oxidar) de biomoléculas se formado no meio intracelular acima das capacidades de defesas antioxidantes do organismo. Portanto, sua elevação nos compartimentos celulares pode lesar oxidativamente estruturas e subestruturas do organismo. Investigações como essa levam o pesquisador, dependendo do resultado obtido, a procurar uma possível aplicabilidade de sua pesquisa relacionando com fadiga, desempenho físico elevado por meio do consumo de antioxidantes, inflamações, envelhecimento precoce etc.

O leitor pode perceber no exemplo que o objetivo é estudar modificações na atividade da enzima antioxidante, e não a fadiga. De fato, o que se pretende é estudar o comportamento do parâmetro em situação de exercício físico, sendo o problema ou possíveis problemas a ele relacionados utilizados para justificar a pesquisa em andamento, porque o parâmetro modificado somente passa a ser relacionado com o problema de forma indutiva (método indutivo). Esse método funciona como no sonambulismo, pois, apesar de a solução para algum problema não estar sendo procurada diretamente, sua possibilidade é encontrada na medida em que não é objetivada. Ou seja, a pesquisa é feita sobre uma coisa e concluída para outra. Deve-se reconhecer que esse procedimento apenas estabelece "relações", não soluções.

Os problemas com o modelo de causa e efeito previamente exemplificado são enfatizados por Batschelet. Segundo ele, quando se faz relações estabelecendo uma função entre duas variáveis em um par coordenado, pesquisadores tendem a reconhecer nessa relação uma regra de causalidade. Contudo, como a causalidade é unilateral e não pode ser revertida, o que é perfeitamente possível para muitas funções, esse procedimento não pode ser aplicado em sistemas biológicos sem que limitações sérias sejam reconhecidas.[8]

Ressaltamos que o método indutivo e suas limitações, assim como as de outros métodos, já foram discutidos em trabalho anterior por um dos autores deste livro.[5] Sobre a indução como método científico, Popper fez observações em sua obra considerando tais procedimentos de pesquisa sem qualquer validade epistemológica, porque a certeza pretendida pelos iluministas e positivistas lógicos – precursores da indução – é inatingível por qualquer método disponível, cabendo ao pesquisador utilizar argumentos de probabilidade ou aproximações estatísticas. Quanto à Biologia e à filosofia de Popper, muitos se opõem a utilizar suas ideias porque, na metodologia popperiana, para se considerar uma teoria científica genuína, esta deve ser empiricamente falseável.[9] Como algumas teorias biológicas não atendem a esse critério, segundo essa proposta, a Biologia não possui teorias ou leis científicas genuínas. Assim, foi recomendado que nessa área se parasse de citar Popper ou utilizar seu critério quanto ao que é ou não uma teoria científica de verdade.

O raciocínio indutivo é validado por meio da regressão linear de parâmetros investigados em relação ao problema a ser relacionado, previamente criticado. De fato, mesmo comportamentos não lineares de variáveis confrontadas, como na curva retangular hiperbólica, são submetidos à linearização de dados. Esse procedimento é também adotado no estudo cinético de enzimas michaelianas e na relação entre massa corporal e metabolismo basal pela alometria.[8] De fato, regressão descreve a relação entre duas ou mais variáveis, uma denominada dependente (resposta) e outra, independente (explicativa). O valor da regressão linear, como exemplificado no gráfico de pares de variáveis coordenadas, deve estar o mais próximo possível da linearidade para que uma possível causa seja identificada. Entretanto, é aceito atualmente que o ponto de vista linear só é correto e aplicável a sistemas simples e próximos do equilíbrio, o que de fato não

O indutivista utiliza normalmente em suas argumentações frases como: "os dados sugerem", "a tabela mostra", "de acordo com", "devemos mensurar e coletar dados, pois somente assim se pode construir uma teoria digna de reconhecimento". Ou então, "não perca tempo com teorias, encontre algo (uma molécula desconhecida) e o descreva sucintamente". "Vamos medir para ver o que acontece". "Você foi muito bem no exame, pois demonstrou muita segurança no uso de técnicas, na coleta de dados e na sua interpretação!" Parece que o objetivo com esse método é formar pesquisadores-técnicos e não cientistas!

se aplica ao organismo vivo, porque já foi estabelecido que a resposta dos seus parâmetros e funções a um estímulo não é linear.[10]

O mecanismo explicativo de um fenômeno ou problema biológico estabelecido desta forma pode revelar diversas inconsistências, pois dificilmente se consegue que o valor da regressão seja de fato linear (coeficiente angular da reta exatamente 1,0). Desta forma, foi estabelecido que valores acima de 0,7 podem ser adotados como significativos. Em termos estatísticos, o grupo experimental comparado com o controle deve possuir valores médios diferentes em 95% para serem aceitos. Como nesse tipo de pesquisa não existem fatos ou mecanismos explicativos, mas apenas aproximações ou tendências, isso abre a possibilidade de que diversos estudos proponham vários fatores relacionados com o mesmo problema, como a fadiga ocorrida no exercício físico intenso e prolongado.

Decorrente desse procedimento, é comum em áreas como a Biodinâmica a tentativa de solucionar seus possíveis problemas considerando o organismo de maneira semelhante a uma máquina. Aristóteles e Platão foram os precursores dessa abordagem, que atingiu o ápice no século XX, com a descoberta da estrutura do DNA e do código genético. A Biologia Molecular é considerada a expressão máxima do mecanicismo para compreender os organismos e seus problemas. Em termos esportivos, genes são mapeados e investigados com o objetivo de se encontrar a causa ou o mecanismo genético para altos valores de desempenhos físicos exibidos por indivíduos em diversas modalidades esportivas. O caso mais recente é o do gene ACTN3, exibido e comentado na mídia brasileira. Quando não sofre mutação, esse gene codifica a produção da proteína α-actinina-3, que favorece o rápido aproveitamento energético pelas fibras musculares de contração rápida. Talvez essa seja a razão de as fibras de contração rápida serem consideradas mais eficientes que as de contração lenta em termos bioenergéticos. Contudo, esse tema é controverso e ainda não possui solução adequada.

Além do mecanicismo, a decomposição do organismo em partes e subpartes é recomendada em razão da complexidade inerente aos sistemas biológicos. De fato, os dois paradigmas dominantes em Biologia são aqueles que consideram as partes constituintes do organismo funcionando de forma semelhante à das máquinas e o modelo darwiniano, para compreender como se dá a sobrevivência e a diversificação das espécies animais.

Como o organismo é extremamente complexo, impossibilitando que o estudo de problemas biológicos ocorra levando em conta a totalidade da sua organização, como preconizado pelos holistas, justifica-se dessa forma a estratégia metodológica reducionista. Como consequência, ferramentas estatísticas e equipamentos evoluíram enormemente nas duas últimas décadas e foram colocadas à disposição da Biodinâmica. Por exemplo, pesquisadores dos anos 1960 enxergavam estruturas microscópicas na ordem de micrômetros e, hoje, menores que o nanômetro. Entretanto, esse procedimento não garante a interpretação segura dos resultados obtidos por dois motivos:

- A estratégia é derivada do positivismo, cujo método indutivo somente nos garante possibilidades ou então probabilidades, como já afirmado. Nesse caso, sempre faltará algo a ser incluído, levando a "conclusões sempre inconclusivas", ficando a questão sempre para o trabalho seguinte.
- O resultado é grande ênfase no domínio de técnicas e procedimentos. Não é incomum vermos trabalhos muito bem-elaborados sendo defendidos com descrição detalhada de técnicas e procedimentos com conclusões vazias e sem objetividade. Nesse caso, o processo passa a ser mais importante do que o produto. Como nessa abordagem os organismos são nada mais do que máquinas, em que hoje se tem a cibernética por modelo, basta encontrar o mecanismo que não está funcionando adequadamente para se descobrir a solução correspondente para o problema em questão. Assim, surgiram os fármacos, as vacinas, as cirurgias e as relações de falta ou excesso de nutrientes na explicação de doenças. Apesar de esses trabalhos terem validades devidamente reconhecidas, não conseguem resolver em definitivo problema como a imunização por vacinas, cuja eficiência fica bem distante dos cem por cento. Além disso, questões complexas ainda esperam por solução, como as reco-

O método indutivo leva sempre a "conclusões" inconclusivas. Veja, por exemplo, no final de um trabalho acadêmico qualquer a seguinte frase: "precisamos obter mais dados por meio de mais experimentos". A quantidade de dados, o processo significando os meios utilizados na obtenção de dados e suas análises encontram-se com bastante privilégio na pesquisa acadêmica atual. Uma pergunta interessante aos indutivistas: em que momento poderemos ter a certeza de que não faltam mais dados para resolver a questão?

nhecidas e qualificadas "doenças incuráveis". O mesmo se aplica ao TFE quando se aceita a existência de fatores que limitam o desempenho ou o determinam, ou que sejam a causa da fadiga.

Hoje existem descritos tantos fatores relacionados com fadiga que praticamente nenhum pode ser deixado de lado. O único jeito disponível para explicá-la é somando ou integrando os efeitos promovidos por cada fator conhecido, porque inexiste uma teoria adequada que consiga dar sentido a esses dados. Nesse caso, dados se encaixam como em um quebra-cabeça, com a solução surgindo no final da montagem. É como se nessa abordagem tudo se encaixasse de forma tão precisa que, se o pesquisador fizesse o caminho inverso, não se notaria diferença alguma entre o início e o fim do processo. Renê Thom, o matemático da teoria das catástrofes, fez críticas severas a esse comportamento de biólogos, que foram denominados por ele como "crianças brincando com seus fliperamas numa sala de jogos, sem a orientação de qualquer teoria na obtenção de dados". Ou seja, cada dado obtido deve se encaixar precisamente com outros já existentes, mesmo que no conjunto não possuam qualquer sentido.

Portanto, existem dois problemas em que a filosofia do reducionismo não tem progredido:

Em meio a tantos dados descritos e analisados com o devido rigor, por que a fadiga ainda não encontrou o seu mecanismo explicativo? A estratégia utilizada para fugir da resposta "é dizer que existe grande relação entre o comportamento de uma variável e o problema investigado". Ou então, "que o problema parece ser multifatorial".

- O primeiro é a complexidade, porque em um sistema molecular os componentes formam redes.
- O outro diz respeito aos fenômenos biológicos que raramente são resultantes de uma única molécula; em vez disso, funções resultam de interações complexas entre grande número delas. De certa forma, tudo está conectado em um organismo, por exemplo, o metabolismo celular, que forma uma estrutura altamente ramificada e conectada. Se assumirmos essa organização para o organismo vivo, a especialização (e a tese dos fatores limitantes) deve, nas áreas do Esporte e da Educação Física, assumir importância relativa, como uma espécie de último recurso a ser utilizado no TFE, e não como seu princípio mais importante.

Na verdade, somente quando o organismo não conseguir elevar seu desempenho naturalmente e com a imposição de estímulos variados para estimular sua rede sistêmica é que se deveria partir para esse último recurso. Com base na adoção desse procedimento, pode-se dizer que em pouco tempo o atleta passará a ter dificuldades em continuar elevando o desempenho físico. Ressaltamos que essas afirmações dizem respeito principalmente àquelas modalidades esportivas em que a dependência das capacidades físicas é maior ou o seu ambiente de prática é mais estável. Mas, no que diz respeito ao TFE, isso se aplica a todas as modalidades esportivas.

Na tentativa de superar as dificuldades da abordagem reducionista e mecanicista, Noakes[11] e seu grupo vêm recentemente tecendo considerações muito interessantes sobre os estudos até agora feitos sobre fadiga, principalmente na tentativa de mostrar que nenhum mecanismo ou modelo proposto foi capaz de trazer qualquer solução a essa questão.[12] Embora Noakes se aproxime de conceitos teóricos atuais sob influência da TC (teoria da complexidade), que será discutida neste livro, não traz solução adequada a esse problema, pois ainda ressalta que problemas envolvendo fadiga relacionam-se com certo tipo de organização hierárquica orgânica, já que acentua a importância de processos neurais centrais como o seu mecanismo desencadeador.

Para fugir das limitações do reducionismo e do mecanicismo, ou do raciocínio indutivista, propõem-se a construção de teorias e seu teste empírico. Inventa-se uma teoria e se faz o teste na tentativa de solucionar ou explicar determinado problema. Se esta não passar no teste, deve-se elaborar outra. Ou então, e no caso de disciplinas técnicas como o Esporte e a Educação Física, utilizar teorias que possuem maior verossimilhança (maior conteúdo de verdade).

Brevemente, poderíamos considerar a TC como uma teoria não mecanicista, mas reducionista, pois procura estudar os fenômenos biológicos como propriedades emergentes de sistemas com diversos componentes em constante interação (Figura 2). Uma de suas preocupações é explicar problemas investigando a perda de complexidade pelo organismo em razão da possível queda na linha de comunicação entre os constituintes sistêmicos. Para tanto, recomenda a quantificação de sinais obtidos de variáveis de forma contínua e por longo tempo, como a frequência cardíaca. Quanto à fadiga, pode-se considerar com base na TC que, em virtude da grande complexidade do organismo, que resulta das constantes interações entre componentes e processos, é extremamente difícil creditar a apenas um componente a razão de a fadiga ocorrer. Além disso, não é porque certos fatores apresentam menor índice de correlação com a fadiga que estes não devam estar participando conjuntamente na efetivação do problema.

Segundo a TC, índice de correlação não retrata a real relação entre a variável mensurada e o problema investigado, porque os dados obtidos são baseados em estatística descritiva em um tempo bastante limitado, e não em dados obtidos continuamente e por longo tempo.

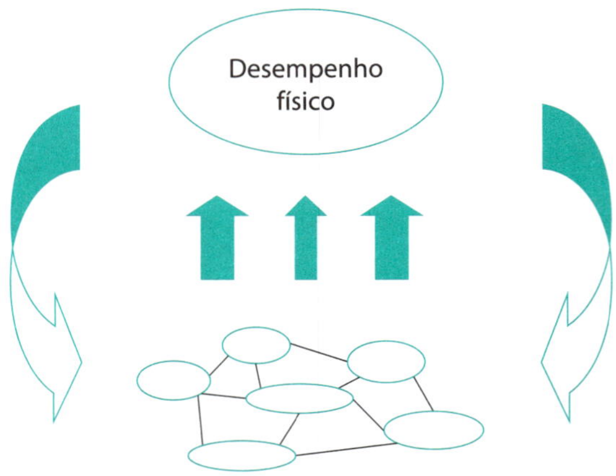

FIGURA 2 - De acordo com a teoria da complexidade, desempenho é uma propriedade emergente de sistemas complexos.

A TC tem sido aplicada principalmente na análise de variáveis fisiológicas caracterizadas como séries temporais. Autores como Goldberger[13] e Lipsitz,[14] dentre outros, puderam verificar que a perda de complexidade que acompanha a queda na variabilidade da frequência cardíaca pode significar adoecimento progressivo; ou seja, variação parece significar saúde, enquanto estabilidade, doença. Essa é mais uma afirmação que se associa a muitas outras, contrárias a homeostase e *steady state*, como princípios fisiológicos importantes para a vida. Em função de constatações como essa, propõe-se atualmente que esses conceitos sejam revistos, com a possibilidade de suas modificações para alostase, que significa "estabilidade pela mudança". Ou seja, para o organismo se preservar em meio ambiente sempre em mudança, este deve possuir a capacidade de também mudar constantemente suas variáveis internas. Embora se possa falar em curto espaço de tempo de estabilidade ambiental e da importância de preservação de variáveis fisiológicas em fluxo constante nesse tipo de ambiente, como preconizado pela homeostase ou *steady state*, ambientes são, na verdade, apenas aparentemente estáveis.

Na formação acadêmica em Esporte e Educação Física existem algumas disciplinas que deveriam ter a função de discutir teorias, mas, na maioria dos casos, a preocupação é excessivamente técnica. O objetivo é ensinar a coletar e analisar dados, passando à margem de teorias de ponta como caos, complexidade, teoria de sistemas, cálculo etc.

Na proposta de Noakes tem importância central certo fenômeno denominado teleantecipação desenvolvido por Ulmer.[15] Esse mecanismo funciona como uma espécie de fator atenuador dos impulsos nervosos para os músculos esqueléticos caso o esforço físico se aproxime de um valor incompatível com a segurança do organismo. Em extensa revisão sobre o tema, Kayser[16] reforçou a ideia de que a sensação de fadiga se desenvolve conscientemente sob influência de comandos nervosos centrais. Contudo, Noakes foi severamente criticado, mesmo levando em conta a abordagem mecanicista inerente ao seu trabalho.[17]

Outro conceito também considerado problemático neste livro é o de exaustão, que é normalmente utilizado em associação com a definição de *endurance* e fadiga. De fato, fadiga é reconhecida como sendo manifesta progressivamente a partir do início do exercício, mas que tem o limite do desempenho identificado quando se atinge exaustão. Exaustão foi definida por fisiologistas como a incapacidade de sustentar o exercício em uma intensidade preestabelecida, sendo fadiga considerada a perda da capacidade de sustentar a força gerada durante o exercício.

Na definição de *endurance*, a exaustão configura-se como seu fator limitante – quanto mais esta demorar a ocorrer, melhor a *endurance*. De fato, segundo vários pesquisadores, *endurance* é a capacidade de suportar por longo tempo exercício submáximo até a exaustão.[18] Ressaltamos que, na década de 1970, em razão das influências de Hollman e Hettinger,[19] era muito utilizada (e o é ainda hoje, por alguns pesquisadores), a denominação de resistência aeróbia para o que hoje se denomina *endurance*. Outra denominação para a capacidade física que sustenta a *endurance* é a de potência aeróbia, reconhecida pela Fisiologia do Exercício como um de seus fatores limitantes. Geralmente, quando se realiza treinamento para *endurance*, a sobrecarga é moderada, e o exercício é realizado de maneira constante ou intermitente e abaixo ou próximo do limiar anaeróbio.

No início do exercício nessas condições, o consumo de oxigênio eleva-se não exponencialmente até que, por volta de 2-3 min, o *steady state* é atingido. Segundo Astrand e Rodahl,[18] *steady state* é uma condição artificial para muitos animais porque poucos deles se locomovem continuamente; em vez disso, a maioria realiza atividades que requerem início e fim de maneira intermitente. Como consequência, a estrutura e a funcionalidade do organismo se comportam não em *steady state*, mas em uma condição transitória. Mais recentemente, Qian[20] introduziu o conceito de *steady state* em não equilíbrio, enfatizando que sistemas que possuem fluxo constante ou flutuações em estado estacionário dissipam calor continuamente, garantindo ao sistema sua real distância do equilíbrio mesmo estando alguns parâmetros macroscópicos como o consumo de O_2 em exercício físico em *steady state*. Ou seja, de acordo com a Bioenergética, não existem sistemas em equilíbrio ou em *steady state*, como descrito pela Fisiologia do Exercício.

Entende-se, em Bioenergética, exaustão como a perda da capacidade de utilizar energia disponível de acordo com a demanda imposta, possivelmente em virtude da depleção de substratos destinados à produção energética intracelular, mais especificamente dos estoques de glicogênio hepático e intramuscular. Contudo, em termos bioenergéticos e metabólicos, exaustão é um estado praticamente impossível de ocorrer, já que o organismo possui sistemas de controle ou de regulação do uso de seus substratos que impedem as suas depleções, porque exaustão pode significar morte. De fato, Noakes e seu grupo demonstraram que é possível ocorrência de fadiga antes da exaustão.[21] Além disso, há indícios de que substratos não são exauridos do organismo no ponto de fadiga em decorrência do exercício físico intenso. Portanto, se alguém se refere ao seu estado como sendo de exaustão, o indivíduo somente quer ressaltar a grande exigência física a que foi submetido. Se, no entanto, esse indivíduo estiver de fato exausto, não haverá como este se manifestar.

Se alguém se refere ao seu estado como sendo de exaustão, o indivíduo somente quer ressaltar a grande exigência física a que foi submetido. Se, no entanto, esse indivíduo estiver de fato exausto, não haverá como este se manifestar, pois está morto.

Mais recentemente, estudos sobre economia de corrida têm demonstrado que o consumo máximo de oxigênio (VO_2máx) é fator secundário na determinação do DFE. É possível, portanto, que corredores com VO_2máx menor relativamente àqueles com valores maiores demonstrem desempenho superior por serem mais eficientes em termos metabólicos, energéticos e mecânicos. Quanto ao aproveitamento bioenergético envolvendo qualidade de movimento, parece não importar se o praticante é atleta ou não; qualquer que seja sua situação, a dinâmica da corrida terá papel fundamental no gasto energético total, na velocidade, na suscetibilidade à lesão, no processo de fadiga e em outros fatores que supostamente influenciam o desempenho.

Os estudos feitos em corridas de longa duração que se associam a maior economia energética indicam que movimentos executados de forma coordenada, que resultam em padrão de movimento mais econômico, propiciam menor utilização de oxigênio para dada intensidade submáxima de esforço, podendo o atleta, assim, manter sua velocidade por longo período, comparado a um corredor pouco econômico.

Como os autores do presente livro possuem interesses na problemática do DFE relacionados à Biodinâmica, mais especificamente à Fisiologia, Bioquímica, Bioenergética e Nutrição aplicadas, os problemas aqui abordados serão analisados utilizando esse nível de análise. O objetivo é discutir aspectos teóricos relativos à influência do reducionismo-mecanicismo na Biodinâmica, principalmente os conceitos de supercompensação e especialização, e apresentar ao TFE a alternativa qualitativa baseada na TC e na Bioenergética, na tentativa de mostrar que a perda ou o ganho em complexidade orgânica e celular, dependendo das características dos estímulos do meio ambiente, pode explicar fenômenos como a barreira de desempenho físico e a fadiga. De fato, um possível efeito da perda de complexidade em virtude da especialização é a queda na eficiência bioenergética por causa das modificações estrutural-funcionais ocorridas em componentes do metabolismo celular e das etapas destinadas à utilização de energia na produção de moléculas de ATP. Outra possibilidade relaciona-se com queda na transformação de energia útil em trabalho durante o exercício físico.

Apesar de o fato estatístico não ser totalmente aceito como real, mesmo o fato em si deve ser visto com certa relatividade porque, como já discutido por filósofos de Ciência, não existem fatos ou dados brutos, mas apenas interpretações; ou seja, para que interpretemos resultados de pesquisas ou para que eles tenham qualquer significado, são necessários teorias e conceitos derivados destas. Ou seja, "os dados não falam por si mesmos". E, a partir disso, propor modificações em definições de termos e conceitos frequentemente utilizados no TFE, soluções para problemas aplicados e modificações na conduta prática de seus profissionais (técnicos esportivos).

Primeira parte

PERFIS

1 Introdução
Desempenho físico-esportivo e treinamento físico-esportivo

Potência, em termos biológicos, pode ser definida como trabalho realizado em função do tempo. Como o trabalho pode ser realizado em curto espaço de tempo e com grande rapidez, ao contrário daquele realizado lentamente e por longo tempo, fontes de energia ou processos destinados às transformações de substratos em produto, com concomitante liberação de energia e formação de ATP (trifosfato de adenosina ou adenosina trifosfato), contribuem de forma diferente nas duas situações. Como no Esporte realização de trabalho sofre influência direta do tempo, pode-se dizer que essa é a capacidade física mais importante para essa área.

Assume-se neste livro que potência é capacidade física porque, tanto em termos fisiológicos como em metabólicos, processos são ativados em consonância com as demandas impostas ao organismo em situação de exercício físico e treinamento. De fato, tanto a potência metabólica como a fisiológica são fatores que sustentam ou tornam possível a manifestação de comportamentos envolvendo qualquer tipo de esforço físico. Além disso, a velocidade na produção de energia pode ser estimada tomando por base o consumo de oxigênio, sendo também possível estimar-se a eficiência com que esta é utilizada pelo organismo. O uso desse parâmetro para estimar a produção bioenergética intracelular integra aspectos metabólicos e fisiológicos, razão pela qual, quando se fala em potência fisiológica, aspectos metabólicos e bioenergéticos estão sendo considerados. Além disso, qualquer modificação fisiológica ou metabólica induzida pelo TFE (treinamento físico-esportivo) só terá sentido se esta disponibilizar ao organismo maior quantidade de energia e seu melhor aproveitamento na realização do trabalho físico.

A potência constatada na situação de exercício físico somente é possível dentro de limites funcionais que, em último caso, são estabelecidos pelos genes. Velocidade, força e *endurance* serão consideradas em termos esportivos variáveis ou capacidades derivadas ou que atuam conjuntamente qualificando a potência. Por exemplo, embora em eventos do atletismo se estabeleça a prova dos cem metros rasos como a única de velocidade, mesmo na maratona ou em qualquer evento em que se conheça o tempo gasto e a distância percorrida é possível quantificar a velocidade com que o evento foi concluído. Não é porque os cem metros rasos é a prova mais rápida do atletismo que a maratona não é realizada com alguma velocidade. A potência metabólica e fisiológica nos dois casos é ativada de maneira diferenciada, já que a demanda por energia não é igual nesses dois casos. Mais detalhes sobre potência metabólica e fisiológica serão abordados em capítulos subsequentes deste livro.

Para que o DFE (desempenho físico-esportivo) seja elevado com o TFE, há necessidade de que a potência metabólica e fisiológica seja estimulada pela sobrecarga do exercício físico. A teoria da supercompensação é utilizada para explicar esses efeitos porque o processo de recuperação do organismo ocorre sempre com incremento de estruturas e processos, principalmente se a carga imposta for assimilada sem grandes dificuldades. Em termos práticos, podemos entender o TFE como um processo em que se submete o organismo humano a cargas diárias que provocam fadiga e, depois de processos adequados de recuperação, alcançam-se valores superiores no desempenho físico em virtude da supercompensação. Quando isso acontece no organismo humano em decorrência do TFE, considera-se que o organismo passa por um processo adaptativo ou adaptação.

Para Verkhoshanski,[22] isso só é possível porque o organismo se ajusta às condições naturais e socioculturais que levam à melhora morfológico-funcional do organismo, assim como ao aumento na sua capacidade de resistir aos estímulos ambientais. De fato, de acordo com Hoppeler e Fluck,[23]

> as condições ambientais em que os animais se encontram não são constantes, como consequência, as demandas que o organismo deve satisfazer podem variar no tempo de vida de um animal. Para responder a essas mudanças na demanda, o tecido muscular esquelético, por exemplo, deve ser capaz de se adaptar.

No mesmo trabalho, os autores enfatizam que

> para responder às mudanças específicas ocorridas no ambiente, o tecido muscular se adapta rapidamente e de forma específica aos estímulos do exercício físico, temperatura e condições nutricionais. Como consequência da assimilação muscular observam-se modificações estruturais e funcionais que são reversíveis, ou seja, as modificações são mantidas enquanto o estímulo persistir.

Entretanto, em virtude da natureza específica dos efeitos do estímulo, há ocorrência de respostas negativas paralelas em outros componentes orgânicos e celulares não relacionados diretamente com a especialidade treinada.

A estimulação do organismo com exercício físico pode promover, em função disso, várias modificações na funcionalidade e na estrutura do organismo, por exemplo, elevação na velocidade de produção de energia com base em processos tanto aeróbios como anaeróbios (não dependentes de oxigênio), configurando aquilo que foi conceituado por potência metabólica, geralmente mensurada tendo por base o VO_2máx. (consumo máximo de oxigênio). Como consequência, é possível para o organismo, em decorrência do treinamento, manter elevado controle sobre possíveis distúrbios metabólicos ocorridos pela estimulação por

Capacidades físicas são inatas, enquanto habilidades podem ser divididas em básicas e adquiridas. O valor máximo de força e velocidade adquirido com o treinamento é limitado pela nossa constituição biológica. O andar e o correr se desenvolverão naturalmente se o ambiente for favorável. Já as habilidades do esporte precisam ser ensinadas ou imitadas para que sejam dominadas pelo praticante.

variáveis ambientais. Em razão de melhorias no domínio do movimento, é também possível obter efeitos positivos na economia no gasto energético durante a movimentação e, como consequência, favorecer o prolongamento da atividade em alto nível de execução sem que a fadiga ocorra precipitadamente.

As respostas do organismo ao exercício físico dependem do seu tempo de duração, podendo, em função disso, ser denominadas agudas ou crônicas, normalmente descritas como modificações orgânicas e celulares paralelas ao estímulo do exercício físico ou de sua repetição, também denominadas adaptações agudas ou crônicas (Figura 1.1). Um fato importante relativo ao processo adaptativo desencadeado pelo estímulo do exercício físico é que, geralmente, apesar de as adaptações ocorrerem em razão do acúmulo de estímulos do exercício físico, essas modificações se manifestam após cada sessão de treinamento no período de descanso. Em função disso, discute-se de maneira pormenorizada a associação da nutrição praticada no repouso após realização do exercício físico. Caso esta seja pobre em nutrientes essenciais ou com quantidade inadequada de nutrientes como os carboidratos, pode haver demora em se estabelecer a recuperação antes da próxima sessão de treinamento.

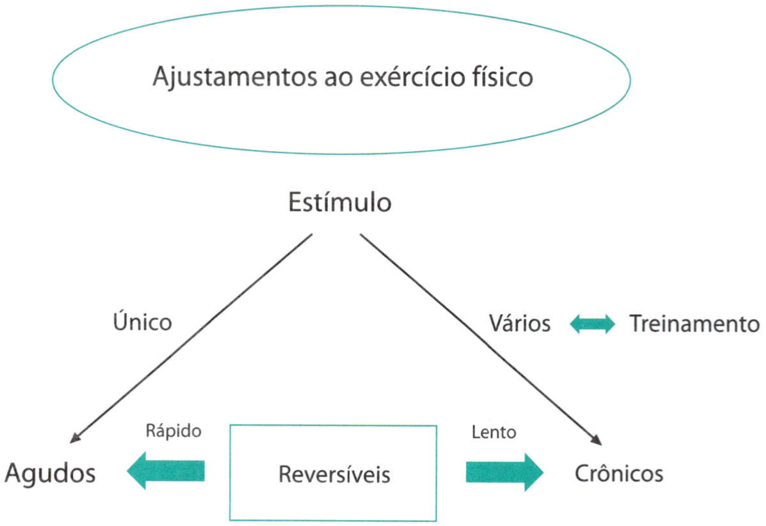

FIGURA 1.1 - As respostas do organismo ao exercício físico são denominadas por agudas ou crônicas.

Segundo essa proposta, existe a possibilidade de continuidade temporal nos efeitos da resposta aguda, que levariam a alterações no fenótipo em razão do acúmulo de modificações promovidas pela repetição do estímulo. Portanto, em virtude da manutenção do esforço físico por longo tempo, por exemplo, verificam-se aumento estrutural e funcional de diversos componentes do sistema de transporte de oxigênio (componente sistêmico) e de componentes intramusculares (enzimas oxidantes, mitocôndrias, mioglobinas, miofibrilas etc.). Essas modificações adaptativas decorrentes da estimulação crônica dependem do tipo de estímulo imposto, configurando no TFE a especificidade da resposta, que justifica a existência do princípio da especificidade como paradigma nessa área.

Na resposta aguda, por exemplo, é aceito que proteínas como enzimas ou receptores hormonais que são ativados não têm sua quantidade elevada nesse espaço de tempo. Ou seja, proteínas ou mRNAs (RNAs mensageiros) precursores encontram-se preexistentes. Além disso, existem dois tipos de proteínas que respondem diferentemente quanto às suas sínteses, denominadas constitutivas e induzidas. As primeiras geralmente se encontram em grandes quantidades no meio intracelular, não sendo geralmente produzidas com o TFE; apenas têm suas atividades catalíticas elevadas. Nesse caso, para que tenham sua produção celular aumentada, são necessários vários dias de treinamento intenso. O segundo tipo de enzima está disponível em pequenas quantidades e é produzido em maior número na medida em que a célula necessitam dela em virtude do treinamento.

Ressaltamos que a noção de repetição na definição de treinamento físico, resposta crônica e adaptação diz respeito ao estímulo, e não à sua qualidade. Ou seja, o conteúdo do estímulo não tem necessariamente de ser repetido diariamente, porque há muitas maneiras ou caminhos disponíveis para se atingir o mesmo objetivo. Esse princípio é conhecido na Ciência como *equifinalidade*. Aspecto importante relacionado ao conceito de crônico é que existe normalmente certa arbitrariedade no estabelecimento do tempo de estimulação utilizado ou na resposta orgânica e celular obtida para que o estímulo tenha essas características, não tendo, portanto, uma linha temporal demarcatória baseada em evidências que separe as respostas agudas das crônicas. Assim, pode-se dizer que o TFE se baseia em três princípios importantes:

- sobrecarga;
- supercompensação;
- especialização.

Neste livro, especialização é considerada estratégia resultante da abordagem orgânica e celular que considera partes ou pequenos conjuntos de partes do organismo mais importantes para o DFE, dependendo da modalidade praticada. A aplicação de exercícios específicos no TFE é recomendada e enfatiza somente as respostas positivas desencadeadas pelo estímulo, não sendo mencionadas respostas paralelas negativas que também ocorrem. Desse modo, se também as considerarmos, verificaremos que as respostas orgânicas e celulares aos estímulos não são totalmente específicas. Portanto, respostas biológicas aos estímulos ambientais podem ser de dois tipos e ocorrer simultaneamente: supercompensatórias e descompensatórias.

Segundo a especificidade, se os indivíduos praticantes de atividades físicas estão diretamente envolvidos com exercícios de curta duração em alta intensidade, devemos reconhecer durante a prática que as principais fibras musculares atuantes são as do tipo II, cujo intuito é elevar as suas funcionalidades de forma específica. Em contrapartida, para aqueles indivíduos envolvidos com atividades físicas prolongadas, deve-se enfatizar no treinamento a repetição de atividades que elevem a funcionalidade das fibras do tipo I, o sistema de transporte de oxigênio e substratos como a glicose e, principalmente, ácidos graxos para serem consumidos no interior de suas mitocôndrias.

Reducionismo, em termos esportivos, considera que determinado problema, como o desempenho físico diferenciado, a fadiga ou a eficiência bioenergética pode ser explicado por meio de causas únicas, simples ou finais.

Deve-se reconhecer que entre essas fibras existe grande número delas classificadas como intermediárias ou híbridas, porque utilizam vias anaeróbias e aeróbias de produção de energia, mesmo que em percentual diferenciado. Isso se reflete em dados que descrevem o QR (quociente respiratório) de maratonistas durante a corrida próximo a 1,00 (0,88-0,95), significando que eles se valem principalmente de carboidratos (glicogênio) e não de lipídios durante a realização de tal prova atlética. A importância da etapa glicolítica do metabolismo celular para atividades prolongadas foi constatada em estudos realizados por Myburgh24 com atletas africanos negros.

Jung,[25] em sua revisão, aponta para a importância do treinamento de força/potência anaeróbia na melhoria da capacidade física e características neuromusculares de corredores de longas distâncias, e processos de sinalização intracelulares responsáveis por efeitos do treinamento com exercícios prolongados e força foram devidamente descritos por Baar.[26] Em contrapartida, Nader[27] descreve processos que podem ser alterados no músculo esquelético que prejudicam a hipertrofia quando exercícios prolongados e força são treinados simultaneamente. Ou seja, é possível que o treinamento com pesos envolvendo força/potência anaeróbia sem a ocorrência de hipertrofia possa ser benéfico em associação com o treinamento da potência aeróbia com exercícios de corrida prolongados.

Existe nítida diferença entre economia de corrida (economia de movimento) e eficiência bioenergética. As duas primeiras estão relacionadas com energia armazenada nas estruturas não contráteis do músculo esquelético e com técnica de corrida, sendo geralmente avaliadas por meio da mensuração do consumo máximo de O_2, por exemplo, enquanto a última, com aproveitamento da energia disponibilizada em termos metabólicos para a execução de trabalho. No primeiro caso, ao contrário do segundo, não se contabiliza o desperdício energético natural ocorrido em sistemas biológicos.

O TFE, portanto, tem se baseado em princípios científicos para justificar suas recomendações práticas na preparação física específica de atletas ou da população em geral. Esses princípios possuem conceitos como os de adaptação e sobrecarga, que, em razão das suas características quantitativas, foram denominados neste livro modelo quantitativo do TFE. Termos como elevação, aumento, incremento, supercompensação, dieta de supercompensação, regeneração etc. aparecem nesse modelo associados à melhoria da condição física ou DFE e especificidade da resposta adaptativa. Ou seja, a elevação do desempenho é nesse modelo creditada às modificações biopositivas e específicas ocorridas no organismo em razão do processo de TFE. Em paralelo, aspectos qualitativos são enfatizados no treinamento tomando por base fatores biomecânicos ou relacionados com aprendizagem e controle motor. Além disso, não se ressaltam modificações bionegativas ocorridas em paralelo às positivas em virtude da falta de estimulação quando o organismo é especificamente estimulado.

A principal argumentação sobre a importância de aspectos quantitativos no incremento da condição física relaciona-se com a necessidade de que fatores supostamente limitantes ou determinantes do desempenho devam ter seus valores aumentados no organismo do praticante. Isso é verificado na recorrente preocupação por parte dos pesquisadores em Biodinâmica com os conteúdos de glicogênio intramusculares ou de elevação na atividade ou quantidade de enzimas do metabolismo celular, por exemplo. Além disso, essas modificações podem ser utilizadas para constatar a natureza específica do estímulo utilizado. Por exemplo, 60 min de corrida diária mantida com carga constante por várias semanas aumentam a densidade mitocondrial do músculo esquelético, mas diminuem a atividade do metabolismo anaeróbio aláctico e láctico e o conteúdo proteico muscular.

Quanto aos aspectos do treinamento que envolvem a capacidade anaeróbia, grande ênfase se tem dado aos meios de obtenção rápida de energia não dependente de oxigênio, principalmente em fibras musculares de contração rápida (Tipo II). Inclusive, várias pesquisas envolvendo essa capacidade física relacionam consumo de creatina, hipertrofia muscular e desempenho físico. Ou seja, aumentos da quantidade de glicogênio muscular, da biossíntese de proteínas musculares estruturais e da concentração e atividade de várias enzimas do metabolismo aeróbio e anaeróbio desse tecido foram constatados em decorrência do exercício físico praticado sistematicamente. Contudo, mesmo em termos fisiológicos e metabólicos, aspectos qualitativos envolvendo eficiência bioenergética e metabólica devem ser levados em consideração na preparação física ou no desempenho físico máximo. O mesmo se refere ao tópico sobre economia de movimento ou corrida. Eficiência bioenergética em termos metabólicos foi pouco investigada, sendo em alguns casos considerada sinônimo de eficiência de movimento, que tem sido bastante estudada recentemente.

Um exemplo importante quanto à natureza específica do estímulo e seu efeito no metabolismo celular envolve a atividade da enzima PFK-1 (fosfofrutoquinase-1). O treinamento com exercício físico prolongado por muitos anos pode reduzir a quantidade e a atividade dessa enzima em até 30% ou mais, dependendo do tempo de treinamento. A enzima PFK-1 pertence à glicólise e controla o fluxo de substratos decorrentes do consumo intracelular ou extracelular de carboidratos. A explicação para a queda em sua atividade nessa condição é o consumo amplificado de lipídios durante a atividade física prolongada em função da modulação negativa exercida por produtos derivados do seu catabolismo.[7] Informações mais detalhadas sobre esse tema encontram-se disponíveis no tópico relacionado com insensibilização metabólica pelo TFE, a ser discutido posteriormente neste livro.

Há, entretanto, um problema envolvendo queda na atividade dessa enzima, porque carboidratos são importantes para o desempenho em atividades físicas prolongadas. De fato, mesmo em termos quantitativos preconizados pela dieta de supercompensação, carboidratos são os principais substratos para esse tipo de atividade física, sendo sua elevação previamente ao esforço mediante modificações no consumo de alimentos uma estratégia recomendada há mais de trinta anos para atletas. Além disso, mesmo na maratona que dura mais de duas horas, seu consumo intracelular é importante como fonte de energia. Ou seja, a menor velocidade de consumo intracelular de carboidratos em razão da queda na atividade da PFK-1 pode prejudicar o desempenho nesse tipo de evento esportivo.

2 Perfil da curva de desempenho físico

No perfil da curva de desempenho podem ser visualizadas três fases distintas, sendo tal curva representada pelo formato sigmoide, na forma de "S", não havendo uma explicação adequada para esse fenômeno (Figura 2.1). Neste livro, sugerimos para essas fases algumas possibilidades em consonância com argumentos descritos ao longo deste trabalho. Segundo o modelo de crescimento logístico, a elevação no desempenho físico começa aumentando de forma exponencial, ou seja, 2, 4, 8, 16, 32, 64, 128... Nesse modelo, variáveis se expandem até que a resposta do organismo começa a se tornar cada vez mais lenta. Posteriormente, a curva de crescimento vai lentamente se afastando do crescimento exponencial até atingir um ponto de inflexão em que o crescimento se desacelera (o desempenho continua crescendo, porém cada vez mais lentamente).

Quando se pratica o exercício físico diariamente, seus efeitos induzem no organismo respostas positivas e negativas em virtude da natureza específica do estímulo. O efeito negativo serve como argumento para se afirmar que as partes que respondem negativamente ao estímulo não são determinantes do desempenho nessa condição.

A linha que representa o crescimento no desempenho vai se aproximando da horizontal à medida que a resposta ao exercício físico vai se tornando menor. Chega um ponto em que a resposta é tão pequena que, para cada ganho no desempenho, uma grande quantidade de esforço precisa ser realizada com concomitante elevação no desperdício bioenergético. Na primeira fase, a elevação no desempenho, mesmo que exponencial, é lenta no início, porque as estruturas e os processos do organismo encontram-se em crescimento e desenvolvimento, concorrendo com a energia disponível para a realização de exercício físico. Mesmo havendo a possibilidade de mudanças no desempenho físico nessa fase, o objetivo do treinamento físico deve ser o de não drenar energia para fins de seu aprimoramento, porque a pequena carga de trabalho pode resultar em grande desestabilização da funcionalidade orgânica e celular e prejudicar o desenvolvimento natural do organismo. Essa fase tem seu término com o início da adolescência e pode ser prejudicada pelo TFE (treinamento físico-esportivo) quando se enfatizam atividades físicas específicas e com grande sobrecarga dentro da modalidade escolhida pelo atleta. A partir daí, a curva começa a se afastar do crescimento exponencial.

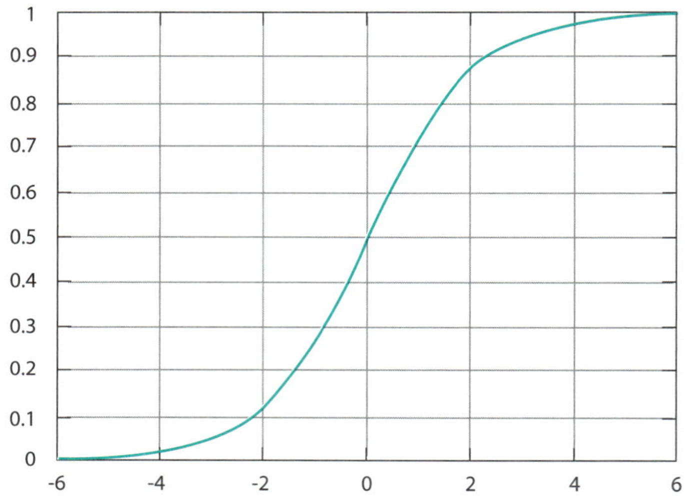

FIGURA 2.1 - Curva no formato sigmoide característica da modificação do desempenho físico assumida neste livro.

Na segunda fase, a resposta orgânica e celular ocorre em paralelo com a sobrecarga de trabalho, resultando em grande incremento no desempenho físico, mas já apresentando indícios de estabilização. Essa fase apresenta característica de crescimento acelerado ou exponencial. O crescimento se afastará mais rápido desse perfil dependendo de como o programa de treinamento for conduzido. É possível que com a especialização orgânica e celular ocorra redução nos efeitos do exercício, por diminuir a plasticidade de tecidos e órgãos. Mesmo assim, ainda se constata supercompensação, dependendo da modalidade esportiva treinada, principalmente nas que envolvem força e exercícios de longa duração. Quanto mais cresce o desempenho, maior é a drenagem de recursos bioenergéticos ou potencial do organismo, o que faz o crescimento do desempenho diminuir.

Na terceira fase, a taxa de crescimento no desempenho se estabiliza e pode até se tornar negativa, tendo em vista a perda de efeito da sobrecarga do exercício físico em desestabilizar a funcionalidade orgânica e celular. Portanto, nota-se, no início do processo de treinamento físico, grande aumento no desempenho, mas com posterior estabilização e, por fim, estagnação.

Outro modelo normalmente utilizado para descrever as fases do desempenho físico é o da hipérbole retangular, que tem por equação $y = ax/b+x$ (Figura 2.2). Segundo o modelo, o perfil descreve fenômenos de crescimento natural, sendo denominado de "Curva de Crescimento Universal". Portanto, pode-se dizer que todos os processos biológicos tendem para a estagnação com o tempo, sendo este, portanto, um princípio biológico fundamental para o TFE. Ressaltamos que a estagnação com o tempo independe se o modelo é o retratado na figura hiperbólica ou pela curva sigmoide.

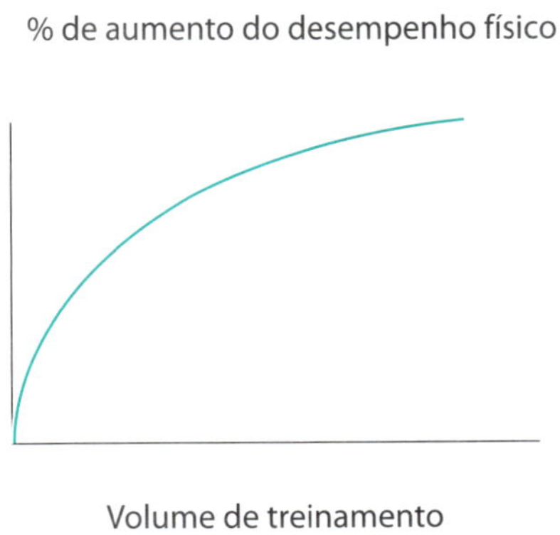

Figura 2.2 - Curva hiperbólica retangular característica da modificação do desempenho físico. O segmento da curva descreve a etapa positiva dos efeitos do TFE.

A barreira no desempenho constatada na análise dessas figuras justifica a frequente utilização da frase: "quanto mais o atleta é treinado, menos é treinável". Segundo Weineck,[28] apesar de a repetição do exercício físico ser fundamental no processo de treinamento, a estimulação do organismo dessa forma pode promover estabilização das funções orgânicas e celulares. No caso do TFE, a causa desse fenômeno pode, portanto, ser procurada no grau de modificação da homeostase alcançado pelo organismo em razão dos vários anos de treinamento a que é submetido. Assim, apesar de o TFE caracterizar-se pela utilização do exercício de forma repetitiva, dependendo da forma como é conduzido, esse procedimento pode prejudicar o desempenho em longo prazo.

Graças à melhoria no estado de treinamento, portanto, as cargas aplicadas provocam distúrbios cada vez menores na homeostase, restringidos pelas modificações que visam a preservar o organismo, resultando em resposta biopositiva cada vez menor. Portanto, a queda na resposta do organismo diante do esforço físico é um fenômeno natural e independente do conteúdo e da forma como o estímulo é aplicado, não sendo possível, portanto, impedir a sua ocorrência em longo prazo. Dessa forma, o organismo, ao se proteger do estímulo nocivo do exercício físico, modifica-se morfológica e funcionalmente e eleva, como consequência, o desempenho físico. Mas, posteriormente, essas mudanças tornam o organismo cada vez mais resistente à sua sobrecarga, diminuindo o seu efeito regenerativo positivo. O resultado em longo prazo é perda da capacidade de o organismo continuar modificando o seu desempenho físico.

Sistemas simples apresentam comportamento linear na relação coordenada causa e efeito, principalmente se estiverem em equilíbrio. Já em sistemas simples e que se afastam do equilíbrio, como na cinética de enzimas michaelianas, a curva que retrata sua cinética tem o formato da parábola hiperbólica. Por sua vez, sistemas complexos apresentam perfil sigmoidal para suas cinéticas, em razão da ocorrência de sensibilização progressiva resultante da interação de seus componentes.

Uma estratégia normalmente utilizada para superar esse problema quando o atleta já se encontra especializado e não consegue mais melhorar o desempenho físico é aumentar a intensidade, a frequência e a duração do esforço físico. Como mesmo assim a barreira não é ultrapassada, alguns efeitos colaterais típicos do quadro denominado de *overtraining* aparecem no organismo. A opinião de que o exercício físico é um estímulo nocivo ao organismo vem de pesquisas sobre evolução biológica, que afirmam que o aparecimento de estruturas e funções em organismos exerce a função de proteger a homeostase. Portanto, estabilidade é uma propriedade objetivada para organismos em termos evolutivos, e estímulos, por desestabilizarem a homeostase, são normalmente denominados estresse.

O modelo da curva hiperbólica é utilizado porque autores visualizam o DFE (desempenho físico-esportivo) sem considerar fatores como desenvolvimento e crescimento, fatores nutricionais e climáticos, além da possibilidade de diversos fatores imprevisíveis afetarem a sua curva de desenvolvimento. Portanto, dados de desempenho físico obtidos em função do tempo revelam que o desempenho apresenta não linearidade quanto ao seu comportamento, independente de o comportamento cinético ser hiperbólico ou sigmoide. Além dos fatores intervenientes já citados, o perfil dessa curva pode ser modificado, quanto à sua regularidade, por diversos outros fatores, como lesões, falta de incentivo financeiro e material de baixa qualidade, falta de locais adequados para treinamento, limitações biológicas e treinamento conduzido sem levar em conta diferenças individuais.

Duas características exibidas por sistemas biológicos independentes dos modelos propostos anteriormente são a simplificação orgânica e celular progressiva e a insensibilização na sua funcionalidade com o TFE. No primeiro caso, fibras musculares, por exemplo, tornam-se mais homogêneas (simplificadas) ou sofrem atrofia em razão da falta de estímulos ou pela repetição sem variabilidade. No segundo caso, proteínas podem sofrer insensibilização e passar a responder com necessidade de estímulos cada vez mais intensos, até que o limite seja atingido. De fato, o perfil exibido pela curva de DFE segundo o modelo da hipérbole é característico de sistemas relativamente simples, porque o mesmo padrão de comportamento ocorre em cinéticas de enzimas que não são regulatórias e apresentam a tendência de atingirem o equilíbrio rapidamente (Figura 2.3).

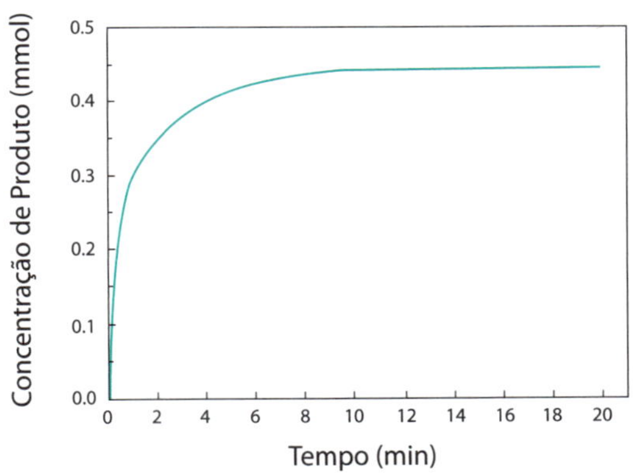

Figura 2.3 - Na reação enzimática michaeliana, quando se mede a formação de produto em função do tempo, percebe-se que, no início da reação, sua concentração aumenta rapidamente, e, após algum tempo, a velocidade de formação diminui.

Essas enzimas são constituídas por apenas uma unidade proteica e um sítio de processamento de substrato. Uma proteína que apresenta cinética semelhante é a mioglobina, envolvida com estocagem de oxigênio no interior do tecido muscular. Ao contrário, enzimas regulatórias e a hemoglobina são mais complexas, pois possuem diversas subunidades, e, no caso das enzimas, estas possuem geralmente sítios destinados à regulação de sua atividade por moduladores alostéricos positivos ou negativos, além do sítio catalítico (Figura 2.4).

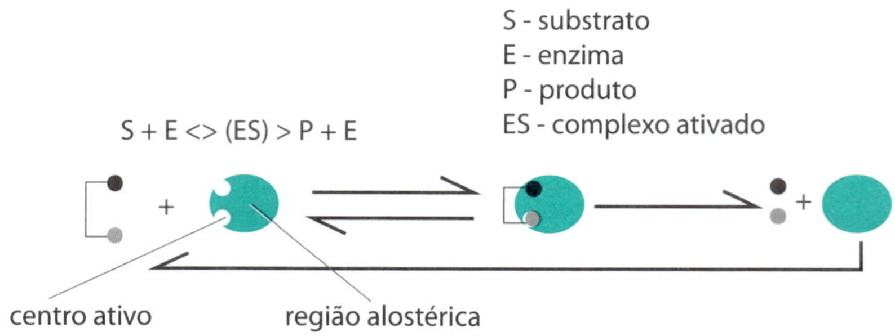

FIGURA 2.4 - Em reações envolvendo enzimas reguladoras do tipo alostérica, nota-se nesta figura que a proteína possui sítio adicional ao catalítico responsável pela sua modulação, que pode ser positiva ou negativa.

Enzimas são proteínas, mas nem toda proteína é enzima. Existem enzimas que possuem apenas o sítio catalítico para transformar substrato em produto e estão geralmente em grande quantidade no meio intracelular, além de possuírem grande atividade catalítica. As enzimas denominadas por alostéricas possuem, além desse sítio, outro, denominado alostérico ou regulador de sua atividade. Estão geralmente em pequena quantidade no meio celular e possuem baixa atividade catalítica.

Essas proteínas regulatórias possuem propriedades muito interessantes, e, embora muito diferentes de um organismo envolvido com TFE em busca do desempenho superior, o comportamento de suas cinéticas apresenta um modelo de desempenho que pode ser utilizado no lugar da curva hiperbólica retangular. Esse comportamento cinético revela uma importante propriedade de sistemas complexos, mostrando, no seu início, comportamento que se torna progressivamente mais veloz. Ou seja, no início, em virtude da ligação da molécula de oxigênio em uma subunidade da hemoglobina, ocorrem modificações conformacionais nessa proteína que são transmitidas às outras subunidades, tornando-as mais sensíveis à ligação das moléculas subsequentes.

O mesmo raciocínio pode ser utilizado na explicação da cinética de enzimas alostéricas, e o formato da curva que retrata a cinética dessas enzimas é do tipo sigmoide. A proposta de que a curva de DFE deva ter perfil sigmoide em vez de hiperbólico é de que, nas fases iniciais de treinamento, o jovem atleta eleve ou mantenha seu organismo responsivo à sobrecarga do exercício quando esta apresentar características mais especializadas, típicas dos treinamentos com conteúdos específicos do Esporte. Nesse sentido, a prática de atividade física nas fases iniciais de desenvolvimento do organismo humano, mesmo que seja voltada para interesses esportivos, deveria levar em conta o fato de o organismo estar em desenvolvimento e ser um sistema altamente complexo ou em processo de "complexificação" em virtude do seu alto número de partes em interação ainda não totalmente estabelecidas. O aumento na complexidade no organismo com o seu desenvolvimento pode explicar a tendência inicial de o comportamento cinético do desempenho físico apresentar crescimento exponencial na primeira fase da curva sigmoide. Em virtude dessas características, é muito provável que a curva hiperbólica não seja um bom modelo a ser objetivado na descrição do DFE.

A utilização da curva sigmoide como modelo de desempenho revela que sistemas complexos podem exibir alta sensibilidade aos estímulos a que são submetidos. No entanto, em virtude de a especialização simplificar progressivamente as respostas orgânicas resultando no seu empobrecimento em estruturas e processos, ou na sua insensibilização, esse fato poderia explicar o comportamento de a cinética de desempenho se afastar da elevação exponencial e se encaminhar para a estabilização. Enriquecimento em estrutura e funcionalidade não deve ser visto somente de forma quantitativa, como preconizado pela supercompensação, mas também de forma qualitativa, por meio de estimulação das conexões entre estruturas e processos orgânicos e celulares.

A importância desses aspectos para a prática esportiva está na tentativa de preservar ou, até mesmo, elevar o grau de sensibilidade à sobrecarga do estímulo por parte do organismo, ao contrário do que ocorre quando o organismo é especificamente estimulado. De fato, uma previsão é a de que sistemas complexos como o organismo demonstrem, em função de sua alta sensibilidade decorrente, a presença de estados críticos constantes, significando que pequenos estímulos, mesmo em baixa intensidade, podem desestabilizá-lo com a possibilidade do aparecimento de respostas imprevisíveis se os seus constituintes estiverem devidamente conectados. Portanto, pequenos estímulos na primeira fase de treinamento, já descrita, podem induzir efeitos significativos no desempenho físico.

O valor do efeito vai depender de diversos fatores, principalmente daqueles relacionados com compatibilidade entre sobrecarga e estágio de desenvolvimento. Caso a sobrecarga seja além das características da criança ou do jovem atleta, respostas negativas poderão ocorrer. Fundamental na sensibilidade do organismo no ponto crítico é a propagação do efeito do estímulo para longe da origem. Uma previsão decorrente do padrão de elevação hiperbólico do desempenho físico é a ocorrência de perda na capacidade de os estímulos induzirem o aparecimento do estado crítico. Ao ser organizado com base no princípio da especialização, consideramos que a prática de atividade física assim orientada, na verdade, impõe ao organismo aproximação progressiva (assintótica) da estagnação em virtude da insensibilização orgânica e celular com consequente restrição ao estado crítico.

A importância da sensibilização prévia do metabolismo celular pelo exercício físico com base nas premissas previamente expostas pode ser visualizada de várias formas. Por exemplo, já foi demonstrado que as mitocôndrias apresentam retardo em sua ativação metabólica no início do exercício físico.[29] Campbell-O'Sullivan et al.[30] demonstraram que esse efeito pode ser minimizado com a execução de exercício prévio. Em função dos resultados obtidos, constataram que mitocôndrias respondem, de fato, mais eficientemente e sem demora tão acentuada em ativar sua produção oxidativa de ATP (trifosfato de adenosina ou adenosina trifosfato), contrariamente quando o exercício é realizado sem aquecimento prévio. Além de sensibilizar os processos catabólicos intramitocondriais, existem vários aspectos a serem considerados quanto à importância do aquecimento prévio à competição, principalmente envolvendo elevação na contribuição dos ácidos graxos na produção intramitocondrial de energia em atividades físicas prolongadas. Ressaltamos que essa mudança acentuada na utilização mitocondrial de ácidos graxos, relativamente a carboidratos, torna o processo de produção energética menos eficiente, como será discutido a seguir. O mesmo raciocínio pode ser adotado na explicação do fenômeno conhecido como "ampliação da força decorrente de uma atividade prévia" no treinamento de força.

Outros aspectos relacionados dizem respeito às respostas metabólicas relativamente ao treinamento com exercício contínuo e treinamento intervalado. Esse fato se torna importante para explicar o porquê de o exercício praticado de forma intervalada induzir queda progressiva na produção não oxidativa de energia intracelular. Nesse caso, foi demonstrado que a piruvato desidrogenase, enzima-chave no controle do consumo intramitocondrial de piruvato, uma vez atenuada nesse processo, torna possível a menor utilização intracelular de carboidratos relativamente aos ácidos graxos intracelulares e extracelulares. Ou seja, o exercício prévio sensibiliza os processos oxidantes de produção de energia intramitocondrial. Contudo, a repetição do exercício pode insensibilizar progressivamente esses processos. De fato, com longo tempo de treinamento, nota-se, em atletas especialistas em atividade prolongadas, queda progressiva na obtenção de ácidos graxos do tecido adiposo, passando a utilizar principalmente os estoques intramusculares desse substrato. O problema, nesse caso, parece estar localizado na enzima lípase hormônio-dependente, que se insensibiliza em razão do contínuo efeito de catecolaminas sobre seus receptores no tecido adiposo.

Quanto ao efeito da maior complexidade estrutural-funcional na sensibilização do organismo, basta verificar que a velocidade de crescimento e desenvolvimento do organismo torna-se menor à medida que as partes tornam-se especializadas. Deve-se ressaltar que a curva que descreve a velocidade de crescimento biológico tem a forma sigmoide. Contudo, as partes, quando atingem seu grau máximo de desenvolvimento, passam a executar tarefas mais rapidamente e possivelmente com maior eficiência, mas, no todo, o organismo perde velocidade progressivamente no desenvolvimento de suas partes e funções. Outros processos utilizados pelas células para ativar o catabolismo de substratos rápida e eficientemente foram discutidos por Newsholme[31] com a proposição de ciclos de substratos, que foram denominados previamente, por outros pesquisadores, de ciclos fúteis. Esse tópico será discutido quando os autores discorrerem sobre insensibilização metabólica. Brevemente, esse processo torna-se importante na antecipação da produção energética intracelular, por exemplo, previamente à realização de uma prova atlética em que se objetiva o desempenho máximo ou em situações de emergências impostas ao organismo pelo meio ambiente.

A estagnação da velocidade pode ocorrer, por exemplo, quando no processo de treinamento dessa capacidade física nenhuma exigência nova e maior é possível de ser imposta ao organismo do corredor de curtas distâncias. Obtém-se, nesse caso, estabilização da velocidade de movimentos em provas atléticas dependentes dessa capacidade física. Tschiene[32] relata que o aparecimento da barreira de velocidade pode ser o resultado da especialização precoce e, mais tarde, em razão do volume muito grande de trabalho geral de condicionamento físico sem muita ênfase na especialização. Em contrapartida, há indícios de que a aplicação prolongada de conteúdos, métodos e cargas idênticos induz estereótipos de movimentos que tornam mais difícil, na verdade impossível, um novo desenvolvimento da velocidade. Zatsiorsky[33] também afirma que, quando o atleta utiliza no treinamento diário conteúdo e sobrecarga idênticos por longo tempo, o desempenho físico tende a diminuir.

Existem alguns resultados obtidos experimentalmente que podem explicar a barreira de velocidade. Por exemplo, a atividade eletromiográfica de corredores experientes e de alto nível é menor do que a de pessoas destreinadas submetidas à corrida de velocidade. Esse fenômeno ocorre porque, sendo os iniciantes menos treinados, por não terem bom controle neuromuscular, realizam movimentos desnecessários, promovendo recrutamento de várias unidades motoras (controle intramuscular) ou de diferentes grupos musculares (controle intermuscular) não envolvidos diretamente com o movimento pretendido, resultando em maior desperdício bioenergético durante a realização do exercício físico.

Quando o atleta treina com o mesmo conteúdo e a mesma intensidade, o desempenho tende a diminuir progressivamente.

A menor atividade eletromiográfica apresentada pelos atletas pode significar maior economia no modo de trabalho da musculatura em ação. Entretanto, suas consequências podem ser importantes para o treinamento em longo prazo e para o estabelecimento da barreira de velocidade, porque uma condição importante para o seu desenvolvimento é a manutenção de estado de excitabilidade ótima do músculo esquelético pelo sistema nervoso central e periférico. Por exemplo, já foi demonstrado que o processo de habituação resultante da repetição de estímulos provoca diminuição da excitabilidade muscular em virtude da menor liberação de neurotransmissores na junção mioneural, reduzindo a eficiência do processo excitatório da fibra muscular.

Existem também indícios de que a própria atividade da enzima Na+K+-ATPase, importante na propagação do impulso nervoso no axônio do neurônio motor, tem sua atividade diminuída pela estimulação prolongada mantida com carga constante. Como consequência, ocorre redução na funcionalidade dos processos catabólicos geradores de energia para a contração muscular, porque existe estreita interação entre ambos - estímulo nervoso e metabolismo celular - na realização da contração muscular, em virtude da participação do cálcio liberado do retículo sarcoplasmático por meio de estímulos conduzidos pela junção entre o sensor de voltagem de di-hidropiridina dos túbulos "T" e canais de rianodina desse retículo.

O treinamento físico envolvendo exercício de curta duração, realizado em alta intensidade, caracteriza-se, sob o ponto de vista metabólico, como anaeróbio aláctico ou láctico. O treinamento dessa capacidade física eleva, portanto, a atividade dessas duas etapas do metabolismo anaeróbio presente nas fibras musculares de contração rápida, sem alterar significativamente a atividade do metabolismo oxidativo, tanto das fibras de contração lenta como das de contração rápida presentes nesse tecido. A explicação para a menor estimulação do metabolismo mitocondrial pelo treinamento da potência anaeróbia está na própria especificidade do estímulo, que é insuficiente para estimular a proliferação mitocondrial no tecido muscular em virtude da pequena duração do estímulo. Efeitos como elevação na atividade de enzimas preexistentes envolvidas com ressíntese rápida de ATP e suas associações com o citoesqueleto presentes no citoplasma, assim como síntese dessas enzimas a partir de mRNA (RNA mensageiro) já disponível foram descritos.

Como 50% da força máxima desencadeada durante o exercício físico são suficientes para promover isquemia tecidual, esse poderia ser um fator explicativo do menor efeito da atividade física intensa de curta duração sobre a funcionalidade do metabolismo mitocondrial e em sistemas envolvidos com a capacidade aeróbia. Esse efeito pode resultar em menor capacidade para o consumo de ácidos graxos ou glicose circulantes e intramusculares durante a realização de atividade física prolongada precedida de treinamento dessa capacidade física. O resultado esperado é menor capacidade de suportar atividades físicas intensas por tempo prolongado em razão do consumo rápido de glicogênio e fosfocreatina intramusculares. Entretanto, já foi demonstrado que, se o exercício de curta duração realizado em alta intensidade for repetido diversas vezes, há possibilidade de que ocorram modificações positivas no metabolismo mitocondrial.

Com relação à estagnação da potência aeróbia, experimentos realizados com ratos que corriam diariamente com diferentes tempos de duração demonstraram que o conteúdo mitocondrial muscular é diretamente proporcional ao tempo de duração do exercício. Esses pesquisadores também relataram que acima de determinado tempo-limite não ocorrem aumentos adicionais no conteúdo mitocondrial muscular e na potência aeróbia. O aumento percentual dos valores da atividade da enzima citrato sintase e do conteúdo de citocromos do músculo gastrocnêmio foi, respectivamente, de 15% e 12% (10 min de corrida), 57% e 31% (30 min), 87% e 38% (60 min) e 128% e 92% (120 min) maiores que o controle. Esses dados reforçam a opinião corrente de que a duração do exercício é o principal fator determinante da resposta mitocondrial ao treinamento prolongado.

Outro dado importante obtido por Green et al.[34] demonstra que a atividade da enzima succinato desidrogenase eleva-se até a oitava semana de treinamento com exercício prolongado com carga mantida constante, mas estabiliza-se posteriormente. Esse resultado mostra que, à medida que o treinamento se prolonga e a carga não é alterada, o estímulo torna-se insuficiente para ampliar o estado de desequilíbrio homeostático. Ou seja, é possível que existam duração e intensidade máximas além da qual não observamos qualquer aumento adicional no conteúdo mitocondrial muscular, das enzimas do ciclo de Krebs e da própria potência aeróbia pelo treinamento físico.

Existem evidências de que a repetição do exercício físico por longo tempo ativa mais a porção parassimpática do sistema nervoso autônomo do que a simpática.

Dudley et al.[35] demonstraram que o treinamento com exercício de curta duração realizado em alta intensidade também induz aumento na concentração de citocromos no músculo esquelético, semelhante ao encontrado no treinamento prolongado. Isso mostra que a duração do exercício deve exceder determinada intensidade para que o conteúdo mitocondrial aumente nesse tecido. Ou seja, não basta para o atleta somente aumentar a duração do exercício, mas também a sua intensidade, no que diz respeito a elevar o seu conteúdo em organelas, metabolismo celular e a funcionalidade do sistema cardiovascular, responsáveis pelo desempenho físico em atividades prolongadas.

Essa afirmação é justificada ressaltando o desempenho de atletas quenianos em provas de longa duração, que treinam com menor volume, mas com grande intensidade relativamente a atletas caucasianos. De fato, tanto a capacidade aeróbia como a anaeróbia são fundamentais para o desempenho físico em diversas distâncias, incluindo a maratona. Esses resultados recentes não concordam com dados que apontam a importância do alto teor de fibras de contração lenta na musculatura esquelética desses atletas, como preconizado nas décadas de 1970 e 1980. Ou seja, a sustentação do desempenho físico intenso em atividades prolongadas impõe a necessidade de interações constantes entre o metabolismo não oxidante e o oxidante, o que torna o treinamento com atividades de curta duração em alta intensidade fundamental mesmo para especialistas em maratona. Essa afirmação é sustentada pela noção de rede e complexidade, inerente ao metabolismo celular. Portanto, podem ocorrer no metabolismo celular duas alterações negativas com o TFE: desestruturação da rede metabólica e insensibilização de proteínas.

Ricordati[36] relata que a repetição de estímulos promove modificações emocionais que podem ser relevantes para os ajustes paralelos verificados no sistema nervoso autônomo, resultando em redução na resposta do sistema nervoso simpático (catecolaminas plasmáticas e atividade simpática muscular) em virtude das modificações ocorridas na percepção da sobrecarga com o ajustamento orgânico e celular. Além disso, a repetição do estímulo facilita a ação dos controles centrais presentes no organismo, resultando em maior atuação da porção parassimpática do sistema nervoso autônomo, como demonstrado pela pronunciada bradicardia de repouso apresentada por atletas. Outras modificações do TFE no organismo são a baixa frequência cardíaca durante o exercício e redução na pressão sanguínea. Assim, pode-se dizer que, em virtude do treinamento, observa-se ocorrência de maior tônus do sistema parassimpático comparativamente ao simpático.

Essas afirmações são importantes para o estabelecimento da barreira de desempenho porque, enquanto situações emergenciais ou experiências novas vivenciadas pelo organismo dependem principalmente da ativação da porção simpática do sistema nervoso autônomo, a constância das variáveis internas resultante da repetição de estímulos é dependente principalmente da porção parassimpática desse sistema. Ricordati[36] considera que, uma vez que a porção simpática do sistema nervoso autônomo tem por função mover o sistema para o maior desequilíbrio e a sua porção parassimpática para a estabilidade, o último sistema é que demonstra relações com o conceito de homeostase, como descrito por Cannon no início do século XX, portanto, é fundamental para que a barreira de desempenho físico não se estabeleça precocemente, que o sistema nervoso autônomo, na sua porção simpática, não perca responsividade ao estímulo do exercício, tanto sistêmica como localizada, facilitando a manutenção do dinamismo fisiológico em constante homeostase. Para tanto, o treinamento deve ser organizado de forma que ofereça ao organismo constantes estímulos diversificados (princípio da variabilidade), para que este não entre em situação de estabilidade por longo tempo em suas variáveis, provocando insensibilização de proteínas.

3 Sobrecarga e ajustamento

Verkhoshanski[22] define carga de trabalho como o trabalho muscular que implica em si mesmo o potencial de treinamento derivado do estado do desportista. Essa definição pode ser sintetizada estabelecendo-se em termos esportivos, relações entre a quantidade de trabalho (volume) e seu aspecto qualitativo (intensidade). Segundo o autor, para se determinar a carga ótima de trabalho, devemos levar em conta os seguintes aspectos:

- o conteúdo da carga;
- o volume da carga;
- a organização da carga.

A imposição de sobrecargas com exercícios específicos organizados em mesociclos contendo quatro semanas é a estratégia normalmente recomendada para se atingir esse objetivo.

O princípio da sobrecarga, contudo, não enfatiza o excesso de exercício, mas, ao contrário, o esforço seletivo para estimular as respostas orgânicas e celulares desejadas sem produzir esgotamento ou esforço indevido. Para tanto, testes para avaliar a capacidade máxima de esforço devem ser constantemente realizados. O objetivo é saber se a intensidade está sendo suficiente para exercer o efeito esperado. Portanto, a estimulação do organismo deve ser severa e aplicar-se com bastante frequência e intensidade suficientes para promover modificações estruturais e funcionais de modo máximo e particular (princípio da especificidade).

Para que a sobrecarga do exercício físico promova resposta supercompensatória, o estado homeostático deve ser desestabilizado dentro de limites toleráveis pelo organismo humano (Figura 3.1). Para tanto, o atleta deve realizar sessões diárias de exercícios físicos sempre com intensidade crescente. De fato, o aumento constante dessa variável visa a impedir que a degradação e a regeneração dos constituintes orgânicos sejam nulas ou que se tornem estáveis. Esse valor regenerativo nulo, observado nessa condição, pode ocorrer porque os processos biológicos tendem para esse estado em virtude da existência de vários sistemas de controle no organismo que impedem que a homeostase sofra grandes variações.

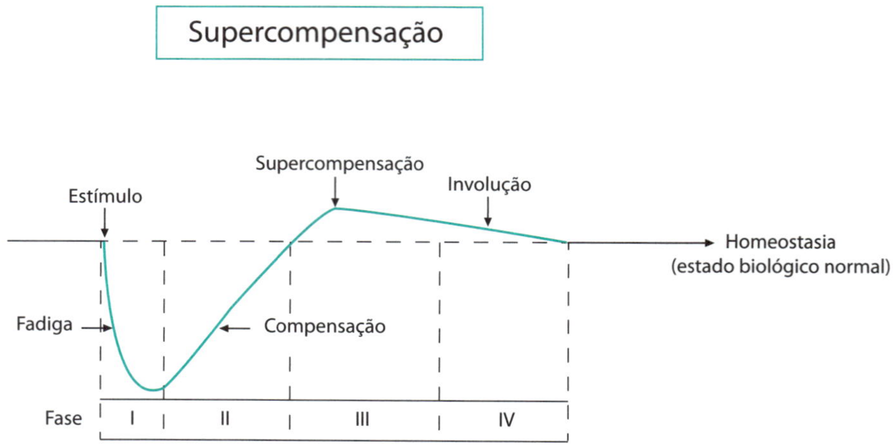

Figura 3.1 - Para que a sobrecarga do exercício físico promova resposta supercompensatória, o estado homeostático deve ser desestabilizado dentro de limites toleráveis pelo organismo humano (Segundo Bompa).

Assim, pode-se dizer que variações extremas na funcionalidade orgânica e celular por longo tempo podem prejudicar a funcionalidade do organismo e promover lesões ou adoecimento, inclusive propiciando o envelhecimento precoce ou a possibilidade de desenvolvimento de infecções oportunistas. Estabilidade, nesse caso, não significa equilíbrio, pois essa é uma propriedade inexistente em organismos vivos.* Estabilidade, na verdade, significa que variáveis fisiológicas e metabólicas podem modificar as suas funcionalidades sob estresse em uma amplitude menor em decorrência de sessões diárias de treinamento com exercícios físicos sempre com a mesma quantidade e qualidade, ou com modificações em variáveis da sobrecarga de trabalho em uma faixa muito restrita.

A regeneração positiva dos estoques de energia e substratos ocorrerá enquanto houver desequilíbrio no padrão de variação fisiológica. Uma vez que o equilíbrio entre regeneração e degeneração seja atingido, o incremento da condição física deixa de ocorrer. Foi recomendada para evitar esse problema a manutenção dos valores das principais variáveis da sobrecarga de exercício sempre com altos índices de exigência. É também sugerida a participação frequente em competições esportivas. Portanto, para que o programa de treinamento seja efetivo em promover elevação no DFE (desempenho físico-esportivo), este deve ser organizado utilizando estímulos com sobrecarga adequada para desestabilizar a homeostase, para, com isso, promovermos o consumo das reservas energéticas do organismo, com aumento subsequente. Outra sugestão é a aplicação do estímulo do exercício físico quando o organismo encontra-se no estágio mais elevado da supercompensação. Essa sugestão impõe ao treinador a necessidade de conhecimentos a respeito de como e com que velocidade ocorre a recuperação do organismo após a execução do exercício físico, uma vez que substratos energéticos recuperam-se com velocidades desiguais.

Essas afirmações podem ser resumidas em quatro condições básicas quando aplicamos estímulos ao organismo com a intenção de elevar o DFE de acordo com o modelo quantitativo do TFE (treinamento físico-esportivo).

* Será explicado neste livro que em termos bioenergéticos sempre há um gradiente de energia entre o organismo e o meio ambiente. O primeiro retira energia livre do segundo e devolve para este energia na forma de calor. Energia livre propicia ao organismo a realização de trabalho, enquanto o calor não pode ser utilizado para tanto por entidades biológicas.

- O estímulo deve ultrapassar certo limiar de intensidade para desestabilizar as variáveis fisiológicas e metabólicas.
- Em razão da especificidade do estímulo, nem todos os componentes são afetados pelo exercício físico, existindo a possibilidade de degeneração na funcionalidade de sistemas não estimulados. Ao exemplo anterior da PFK-1 (fosfofrutoquinase-1) reduzida em virtude do treinamento com atividades físicas prolongadas, deve-se acrescer a enzima frutose difosfatase, importante no ciclo de substratos envolvendo a PFK-1 na via glicolítica. Essa enzima encontra-se inexistente ou com atividade muito baixa no músculo esquelético de corredores especialistas em provas de longa duração.
- Deve haver constantes reparos com supercompensação do que foi lesado ou do que foi utilizado como substrato energético. Adeptos desse princípio ressaltam que, com o fim da supercompensação, há estagnação no DFE.
- Estímulos frequentes devem ser aplicados em tempo apropriado, sendo a recuperação após o exercício aspecto fundamental para que a supercompensação ocorra de forma significativa.

Para que os estímulos sejam aplicados em tempo apropriado, a organização das etapas destinadas a treinamento, competição e descanso é fundamental.[32,37] Matveyev[38] recomenda para isso que o ano de treinamento (macrociclo) seja dividido em três períodos denominados de preparação física (geral e específica), competição e transição. Os respectivos objetivos a serem atingidos em cada etapa são:

- no período de preparação, objetiva-se a aquisição da forma física básica;
- no período de competição, a meta é a obtenção de forma física e técnica específicas requeridas pela especialidade do atleta;
- no período de transição, deve-se mudar a rotina de trabalho, praticando-se outros tipos de atividades para que o atleta se recupere ativamente para a próxima etapa de treinamento.

O macrociclo é dividido em unidades menores denominadas mesociclos (3-6 semanas), microciclos (1 semana) e unidades diárias de treinamento. A literatura especializada em treinamento esportivo recomenda que a duração de quatro semanas para o mesociclo é a mais adequada para promover incremento de componentes orgânicos e celulares.[39] No mesociclo, as duas primeiras semanas têm a função de preparar os atletas para as duas últimas. A terceira é um microciclo em que se deve impor exercícios com sobrecarga elevada para promover grande consumo das reservas energéticas do organismo. A última é regenerativa. As duas últimas semanas do mesociclo são consideradas as mais importantes, porque se espera que os substratos degradados pelo exercício na terceira sejam recuperados com incremento na última. Outro fator importante para que na etapa regenerativa ocorra esse efeito é a qualidade da alimentação. Esse assunto será abordado posteriormente em outro livro em preparação pelos presentes autores.

Os mesociclos correspondentes a cada período devem ser necessariamente diferentes, pois, como exposto, os objetivos a serem atingidos mudam em cada um deles.[37] Apesar dessas recomendações, o mesociclo tem sido praticado de forma homogênea, com as variáveis da carga de trabalho e o tipo de exercício repetindo-se nas quatro semanas que o compõem.[40] Portanto, a aplicação de exercícios físicos específicos com sobrecarga crescente, organizados em mesociclos contendo quatro semanas, é o procedimento mais recomendado para se efetivar a regeneração positiva dos estoques energéticos do organismo com subsequente elevação do DFE.[39]

Uma crítica que pode ser feita a essa organização de treinamento é que a mesma dificilmente pode ser utilizada atualmente por modalidades coletivas em que não se constatam períodos definidos de competições devidamente situados no macrociclo. Geralmente essas modalidades fazem uma pequena temporada de preparação antes de começar as competições, sendo a preparação física, técnica e tática praticada simultaneamente ao longo de todo o macrociclo. Outras críticas que são feitas a esse modelo são as seguintes:

- não existe tempo suficiente de trabalho para se aumentar continuamente o volume de treinamento;
- os trabalhos volumosos com baixa intensidade prejudicam a estrutura motora e a técnica adquirida, assim como a potência anaeróbia;
- não há transferência positiva dos efeitos dos exercícios de natureza geral para os específicos;
- a proposta é quantitativa, analítica, descritiva, prescritiva e empírica;
- não se baseia em princípios científicos;
- a separação da preparação geral do período de treinamento específico não respeita o princípio da especificidade;
- é insuficiente para servir de modelo teórico a fim de orientar a prática esportiva.[41]

Tschiene[32] recomenda como alternativa a essa visão quantitativa previamente o enfoque qualitativo. Assim, segundo ele, a organização da prática esportiva deve ser precedida pelo estudo minucioso dos paradigmas atuais da Ciência, do qual deduzirão as orientações para o processo de treinamento. Para isso, recomenda o paradigma da "Teoria da Adaptação Funcional" para justificar o treinamento simultâneo das capacidades físicas e habilidades motoras. Essas sugestões justificam a especialização como o princípio mais importante do TFE. Segundo a proposta, devemos ter conhecimento sólido das capacidades de adaptação funcional às cargas específicas e não específicas impostas ao organismo do atleta. Outro aspecto a ser considerado é a organização da carga imposta levando em conta, principalmente, o nível de aptidão física (principiante ou profissional), o gênero, assim como o efeito cumulativo do treinamento que se obtém combinando ações (efeitos do treinamento diversificado).

Nessa proposta, o organismo do esportista na sua especialidade deve responder ao estímulo do exercício físico de forma especializada para que seu potencial atlético seja desenvolvido ao máximo. A competição deve ser elemento frequente na sua preparação para não ocorrer atrofia de mecanismos coordenativos e integrativos do organismo de forma permanente. Essas são as justificativas de Tschiene,[32] Gambetta[42] e bastante discutidas por Silva[41] quanto à importância da especificidade no TFE.

A proposta de Tschiene[32] e Gambetta[42] é um salto qualitativo em relação à de Matveyev,[38] principalmente quando recomendam um estudo minucioso dos paradigmas atuais da Ciência. Tschiene[32] recomenda a aplicação dos princípios da sobrecarga e especificidade adaptativa em interação ótima para, com isso, impedir que o equilíbrio orgânico e celular se estabeleça rapidamente no organismo do praticante. Entretanto, apesar de reconhecer que falta uma base teórica adequada para orientar a prática esportiva, Tschiene[32] e Gambetta[42] não acrescentam muito ao que já foi proposto pelos seus antecessores. De fato, no modelo de Matveyev[38] aparece o treinamento com sobrecarga e especificidade adaptativa, principalmente no modelo de mesociclo.[37] Apenas a base teórica está ausente ou não apresentada de maneira detalhada.

A proposta de Tschiene[32] também não garante que os problemas da especialização precoce, do supertreinamento e da barreira de desempenho físico ocorram, porque os princípios de especialização e sobrecarga podem impor repetição monótona e prolongada de estímulos sem variabilidade adequada no processo de treinamento físico. Outro problema em sua proposta diz respeito ao conceito de adaptação adotado como base teórica da prática da preparação física. Como a adaptação é um princípio biológico, o seu emprego frequente no TFE de atletas por profissionais dessa área tem sido bastante questionado ultimamente. Além disso, existe certa incoerência nessa proposta, já que treinar simultaneamente as capacidades físicas e não separar a preparação geral da específica não respeita o item relacionado com especificidade, porque, para Tschiene,[32] o princípio da especialização deve prevalecer no TFE. Além disso, e dependendo como o treinamento é organizado, pode haver concorrência negativa entre os conteúdos dos exercícios empregados.

4 Sobrecarga e *hormesis*

Segundo estudiosos da hormese (*hormesis*), a curva de resposta do organismo aos estímulos possui duas fases distintas. A curva neste formato é conhecida por seus pesquisadores como curva β ou curva na forma de jota (J). É também muito comum, na hormese, sua descrição na forma parabólica como um u invertido (∩) (Figura 4.1). Hormese pode ser considerada um princípio fundamental quando se pratica atividade física, porque, por meio desse conceito, constatamos que a supercompensação não é um atributo orgânico e celular específico do estímulo propiciado pelo TFE (treinamento físico-esportivo), mas uma resposta inerente à vida sob estresse de forma geral.

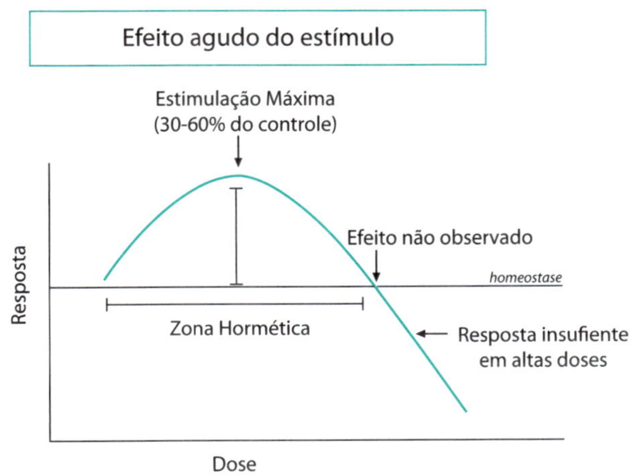

Figura 4.1 - Efeito agudo do estímulo segundo a *hormesis*.

O princípio da hormese, que significa excitação, ativação etc.,[43] é conhecido desde o século XVIII. A hormese prevê que pequenas doses de estímulos são benéficas, pois ativam processos de defesa que resultam em maior capacidade do organismo de suportar progressivamente estímulos mais intensos. Existem vários tipos de efeitos horméticos decorrentes das variedades de estímulos a que os organismos são submetidos. Por exemplo, foi demonstrado no início da década de 1970, por Edington et al.,[44] que existe limiar na idade em relação aos efeitos benéficos da prática de exercício físico. A proposta baseou-se em estudos que mostraram que, para determinado tipo de exercício com particular intensidade e duração, existe certa idade além da qual o exercício pode não exercer efeitos positivos.

De fato, foi verificado, em ratos que iniciavam o treinamento físico aos 20 meses de idade, baixo índice de sobrevivência comparativamente aos animais sedentários da mesma idade. Por sua vez, animais que iniciavam o treinamento físico antes dos 15 meses apresentavam alto índice de sobrevivência relativamente aos animais sedentários da mesma idade. Da mesma forma, é conhecido que a intensidade do exercício também promove certo nível de estresse que resulta em efeitos danosos no organismo quando esta ultrapassa a sua capacidade de assimilação. Ou seja, pequenas doses de exercício leve ou moderado são benéficas, enquanto doses exageradas de exercício intenso são maléficas.

Existem outros exemplos de situações a que os organismos foram submetidos em que o princípio da hormese foi comprovado. O treinamento físico em grandes altitudes modifica o estado fisiológico e metabólico do organismo, podendo incrementar o desempenho em provas atléticas de longas distâncias. Contudo, a exposição do organismo ao estresse prolongado nesse tipo de ambiente promove o oposto, inclusive, moradores dos Andes ou do Himalaia possuem baixa capacidade de trabalho, comparativamente a moradores que vivem em locais ao nível do mar.[45] Além disso, pesquisas ressaltam diversos problemas no ciclo de vida em grandes altitudes. Essas limitações impostas por esse tipo de ambiente ao organismo humano levaram ao surgimento de estratégias para se aproveitar seus efeitos benéficos e minimizar os maléficos, como o *living high training low*. Contudo, nenhum tipo de estratégia adotada até o momento parece ter resultado em efeitos benéficos da altitude sobre o DFE (desempenho físico-esportivo).

A restrição calórica parece ser benéfica no prolongamento da vida, mas quando praticada ao extremo surgem problemas como desnutrição, anorexia e bulimia. O consumo exagerado de produtos alimentícios ricos em colesterol causa problemas sérios à saúde, porém, seu baixo consumo diminui a produção de substâncias dele dependentes, por exemplo, hormônios esteroides e substâncias emulsificantes de gorduras no processo digestório. Em artigo de revisão, Heyes[46] relatou vários efeitos de nutrientes que induzem resposta hormética: em altas doses são tóxicos, mas benéficos em pequenas doses. Esses são apenas alguns exemplos que reforçam aquilo a que Paracelsus se referiu como "a dose faz o tóxico".

O princípio da hormese enquanto paradigma nos mostra que existem respostas moleculares e fisiológicas constantes contra os vários insultos propiciados pelos estímulos oriundos do meio ambiente. Mas isso só é possível porque sistemas vivos possuem capacidade de se contrapor a qualquer distúrbio, mudança e estresse, ajustando-se. Como resultado da capacidade dos sistemas de regulação homeostática, a mudança é controlada, os danos, reparados, e um estado novo de ajuste para a sobrevivência é adquirido. Caso a sobrecarga seja demasiada, impossibilitando ajustamento adequado, problemas diversos podem ser exibidos pelo organismo. Segundo a hormese, portanto, indução de vias de defesa e reparo pelo estresse moderado são benéficos para células e organismos de modo geral.

Como o exercício físico geralmente provoca danos ao organismo, uma vez respeitado o limite de carga a ser imposto e as diferenças individuais entre os organismos humanos, a hormese justifica-se desta forma como modelo para o Esporte e a Educação Física (Figura 4.2). Fator importante previsto pela hormese é que sempre a resposta inicial do organismo ao estresse ocorre negativamente (Figura 4.3). Salientamos que esse fato já foi comprovado por pesquisadores de exercício físico e treinamento. Por exemplo, já foram demonstrados fenômenos de sub-regulação de enzimas do metabolismo celular logo após execução de exercício físico prolongado e intenso com reversão subsequente e insensibilização de receptores hormonais, menor secreção de determinados hormônios, queda nas atividades de enzimas na via glicolítica e perda na atividade de ATPases do retículo sarcoplasmático na condição de treinamento físico prolongado, com recuperação subsequente.[10] É exatamente nesse princípio que a prática de dieta de supercompensação com carboidratos envolvendo elevação do conteúdo do glicogênio muscular se baseia, porque há necessidade de que seu conteúdo seja previamente reduzido antes que o consumo se eleve por meio da dieta.

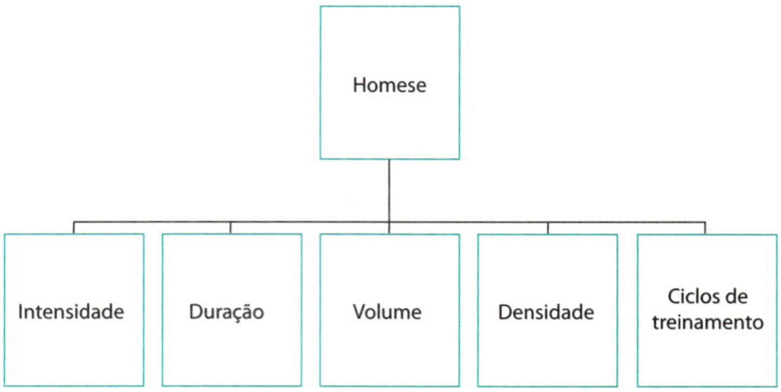

Figura 4.2 - Orientação na aplicação de sobrecarga segundo a *hormesis*.

O limiar anaeróbio com base em concentrações de lactato plasmático serve de parâmetro para controlar a intensidade do exercício durante o TFE. O valor obtido para o limiar retrata a participação predominante do metabolismo aeróbio ou anaeróbio durante a realização do esforço físico. É interessante chamar a atenção para o fato de que muitos pesquisadores defendem que o desempenho físico é grandemente elevado quando se treina na intensidade corresponde ao limiar de lactato ou próximo desta. Essa proposta se baseia no modelo do limiar, em que se acredita que, ao se aumentar a carga de exercício físico até esse ponto, o estímulo desencadeará respostas mais efetivas para elevação do desempenho em razão dos efeitos orgânicos e celulares obtidos.

A hipótese do limiar adotado como referência para a intensidade do esforço físico leva em conta a premissa de que estímulo e resposta são proporcionais nesse valor, sem ressaltar que a curva dose-resposta à sobrecarga do exercício físico é não linear. Porém, existem modelos mais flexíveis de treinamento que mostram que atletas de alto nível treinam geralmente abaixo ou acima da intensidade correspondente ao limiar de lactato, mas muito pouco na intensidade igual a esse limiar, em consonância com a hormese.[10,47] Conclui-se por essas observações que a sobrecarga, ao afetar o organismo, desencadeia resposta bifásica segundo a hormese, sendo a resposta do organismo à sobrecarga do exercício físico, portanto, não linear. Hormese e seu modelo bifásico não correspondem totalmente ao modelo da curva sigmoide previamente discutido, representando, dessa forma, apenas parte do processo de resposta do organismo aos seus estímulos estressantes.

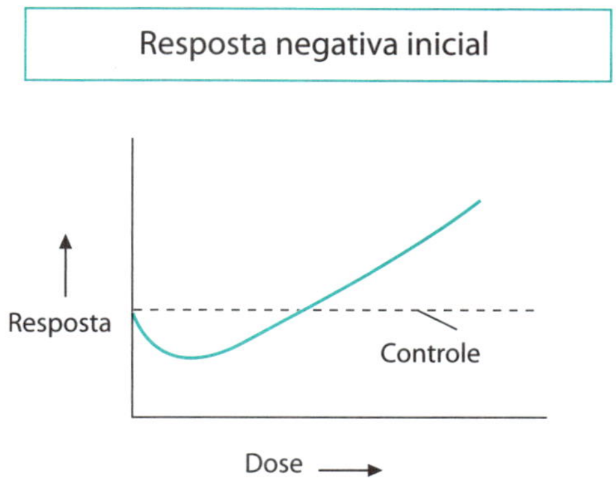

FIGURA 4.3 - A resposta inicial do organismo ao estresse sempre ocorre negativamente.

5 Adaptação e exercício físico

Adaptação, quando aplicada à prática de exercício físico, assume geralmente a conotação de resposta orgânica e celular derivada de exposição aguda ou crônica do organismo a esse estímulo; o primeiro tipo de resposta corresponde a uma execução de atividade física, e o segundo, com sua repetição de forma sistemática. As primeiras respostas retrocedem rapidamente (1-2 dias), porque o estresse do exercício físico não se repete. Já as segundas, de acordo com Booth et al.,[48] duram vários anos. Le Moal,[49] por sua vez, postula que o estresse agudo pode durar até três semanas, enquanto o crônico, mais que três meses.

Adaptação, nesses dois casos, baseia-se principalmente na ativação de proteínas já existentes no organismo (modificação traducional e pós-traducional) ou na sua modificação quantitativa (alteração pré-traducional). No primeiro caso, nota-se a ocorrência de elevação na atividade de enzimas já existentes, ou na síntese de proteínas, mesmo sem ocorrer transcrição (expressão gênica). No segundo caso, existe de fato síntese proteica e elevação no conteúdo de seu mRNA (RNA mensageiro). Segundo Booth et al.,[48] quando ocorrem mudanças na quantidade de mRNA, isso se dá de maneira transiente (0-4 horas pós-exercício), e mudanças nas proteínas são mais estáveis e demoram mais para serem observadas (3-36 horas pós-exercício).

No Esporte e na Educação Física, qualquer modificação ocorrida no organismo em decorrência da prática de exercício físico é considerada adaptação, seja o efeito do estímulo agudo ou crônico.

É também possível que após 18 horas do exercício realizado não seja encontrado qualquer aumento na quantidade de mRNA. Nesse caso, interpretação errônea pode ocorrer ao se pensar que toda proteína produzida nesse período é derivada apenas de eventos pós-traducionais, isto é, se não há mudanças pré-traducionais, não é produzido mRNA nas 18 horas que sucedem ao exercício. Isso pode ocorrer por dois motivos:

- degradação do mRNA sem sua tradução;
- produção de mRNAs sem capacidade de tradução.

O termo pré-traducional é definido como eventos que alteram a abundância de mRNA (que representa a soma algébrica de transcrição, processamento e estabilização de mRNA); o termo traducional é definido como mudanças na síntese de proteínas por unidade de mRNA (atividade de mRNA); e pós-traducional, como modificações na proteína por meio de fosforilação, proteólise ou degradação.

Para Pilegaard et al.,[50] "efeitos cumulativos de vários dias ou semanas de aumento transiente na transcrição são necessários para se detectar mudanças no mRNA ou proteína para um gene particular". Além de não se comentar, nesse caso, a importância do meio interno celular, que pode influenciar a transcrição gênica ou eventos pós-traducionais, podemos dizer que as respostas orgânicas e celulares à sobrecarga do exercício físico são resultantes de aplicações sucessivas de estímulos cujas respostas agudas, quando duradouras o suficiente, podem induzir modificações pós-traducionais ou pré-traducionais em tempo apropriado.

Em função da falta de critérios no estabelecimento do que venha a ser resposta crônica ou aguda ao exercício físico, poder-se-ia propor que uma resposta deverá ser considerada aguda quando as modificações funcionais decorrentes do estímulo do exercício físico ocorrerem sem elevação na atividade de processos pré-traducionais. Ou seja, essas mudanças ocorreriam em razão de modificações traducionais e pós-traducionais de mRNA preexistentes. Por exemplo, no caso de elevação na força em razão do processamento pós-traducional ou em função dos estímulos neurais localizados na placa motora; elevação na atividade de enzimas ($V_{máx}$ - velocidade máxima na cinética enzimática) sem que suas quantidades se façam maiores; ativação de receptores hormonais ou a incorporação membranar daqueles preexistentes em vesículas de estocagem. Ou então, síntese de proteínas a partir de mRNA preexistentes.

Como essas modificações ocorrem rapidamente (de minutos a até algumas horas) na célula, em função do exercício físico praticado em uma única sessão de treinamento ou executados por poucos dias, até que se constatem elevação em processos pré-traducionais, esses efeitos podem ser creditados à estimulação aguda. Já resposta crônica pode ser considerada como manifesta se, em razão de mudanças pré-traducionais e pós-traducionais, ocorrer, como consequência, síntese de novas proteínas. Como estudos de Biologia Molecular revelaram que o conteúdo preexistente de mRNA não é estável, já que sofre contínua degradação ou processamento, isso torna difícil a tarefa de se estabelecer em que momento a resposta na síntese de uma proteína é resultante de processos pré-traducionais ou pós-traducionais.

Além disso, algumas proteínas de sinalização rápida conhecidas como fatores de transcrição são sintetizadas rapidamente no interior das células, inclusive com produção de mRNAs entre 0 e 72 horas. Elevação em transcritos de hexoquinase II imediatamente após o exercício, se este for suficientemente longo (90 min), também já foi descrita. Resultados similares foram obtidos para a expressão gênica de GLUT-4 (transportador de glicose) com exercício realizado com 60 minutos de duração. Portanto, é difícil diferenciar, em termos moleculares, respostas agudas e crônicas por esse critério.

Adaptação e exercício físico, no que diz respeito aos seus efeitos agudos e crônicos, podem estar relacionados com ativação de proteínas preexistentes ou de sua síntese a partir de mRNA pré-formado. Já em termos do efeito crônico, adaptação se relaciona com a síntese de proteína com base na produção nova de mRNA.

Talvez um critério que poderia ser utilizado, mas também arbitrário, é o do tempo de reversão das mudanças moleculares devidas ao TFE (treinamento físico-esportivo). Por exemplo, alterações funcionais referentes à ativação de enzimas ocorrem rapidamente, enquanto mudanças estruturais demoram mais para reverter o processo. Como quantificar o tempo de reversão relativo aos dois processos ainda é tecnicamente difícil e como muitas proteínas que exercem funções importantes, como catálise ou transporte de substratos, respondem rapidamente, aumentando suas atividades ou processos que levam ao incremento de suas sínteses intracelulares, não é possível, em termos moleculares, estabelecer um limite adequado entre efeitos da estimulação aguda e da crônica. Além disso, o aumento na expressão gênica de proteínas miofibrilares no gastrocnêmio de ratos após exercício dinâmico com pesos não se relaciona com abundância em mRNA, mas com aumento na atividade de mRNA. Isso significa que regulações traducionais e pós-traducionais são também importantes no aumento da síntese proteica após o exercício com pesos.

Miofibrilas maduras contêm vários núcleos; cada qual mantém competência transcricional, apesar de não se conhecer muito bem a resposta nuclear localizada. Com isso, essas fibras podem ser hipertrofiadas, e, para tanto, é necessária ativação e diferenciação miogênica de células-satélites mononucleares que se fundem com miofibrilas em hipertrofia ou em reparação. A progressão da célula-satélite em mioblasto depende da produção de vários fatores transcricionais. Como discutir esses fatores foge do objetivo do livro, recomendamos ao leitor o trabalho de Cameron-Smith.[51]

Estimulação crônica induz ao aumento grande e rápido na massa muscular de animais experimentais, que é acompanhado por elevação na atividade de mRNA durante o início do exercício. Ou seja, processos traducionais e pós-traducionais podem desempenhar papel importante na resposta hipertrófica muscular no início da estimulação crônica com exercício físico. De fato, aumento na abundância de mRNA não parece ser fator importante para elevação da síntese proteica, a não ser tardiamente, com o prosseguimento da estimulação. Portanto, o aumento na síntese de proteína muscular em razão da sobrecarga parece ser o resultado de modificações regulatórias em processos traducionais e pós-traducionais. No entanto, mRNA de proteína miofibrilar somente se eleva no decorrer do tempo de indução de sobrecarga. Por exemplo, mRNA de α-actina tem sido descrito como se elevando somente após 3-6 dias de estimulação constante.

A somatória de respostas agudas é responsável pelo efeito crônico do exercício físico. Treinamento físico pode ser conceituado utilizando-se a relação existente entre esses dois conceitos.

O treinamento com exercícios prolongados parece influenciar a expressão gênica no músculo esquelético em aproximadamente 30 min até algumas horas (genes regulatórios) ou como consequência de semanas de treinamento sistemático (genes estruturais). Com essa definição, poder-se-ia considerar estímulo agudo o efeito do exercício capaz de ativar mRNAs preexistentes e genes regulatórios entre zero e seis horas, resultando em efeitos rápidos e transitórios; enquanto efeito crônico, ativação estável de genes estruturais, resultando na síntese de novas proteínas intracelulares ou estruturais teciduais. De fato, a resposta transcricional de vários genes a um único estímulo pelo exercício físico é transiente e, dependendo do tempo de demora em aparecer uma resposta máxima, esses eventos transcricionais podem ocorrer rápida ou lentamente, entre 0,1 e 1 hora ou entre 1 e 4 horas, respectivamente.[52]

Conclui-se com essas informações que a resposta duradoura com estimulação crônica é obtida por meio de respostas agudas desencadeadas sucessivamente, e que proteínas de transporte ou de sinalização intracelular, em que pese às poucas pesquisas disponíveis, parecem ter suas quantidades aumentadas intracelularmente envolvendo mudanças pré-traducionais e pós-traducionais; enquanto proteínas estruturais elevadas em razão da hipertrofia apresentam-se aumentadas inicialmente por causa de mudanças traducionais e pós-traducionais após elevação de mionúcleos pela inserção de células-satélites nas que se encontram sob estimulação pelo exercício físico. Após esse período, é possível que entre 3-6 dias se detecte a hipertrofia que é também influenciada por modificações pré-traducionais.

Recentemente, Koulmann e Bigard[53] descreveram, em extensa revisão, os principais processos envolvidos no efeito do exercício prolongado na estimulação da resposta muscular em nível molecular, principalmente ressaltando os meios utilizados pela célula muscular para induzir ajustes pré-traducionais agudos em razão da sobrecarga imposta. Exercícios físicos envolvendo força para atletas especialistas em provas de longa duração devem centralizar seus efeitos em suas musculaturas de forma que estimulem a síntese proteica utilizando mRNA preexistente ou ativem os processos de condução nervosa em curto espaço de tempo, sem estimular eventos pré-traducionais para evitar a hipertrofia.

Respostas agudas ou crônicas podem ser de dois tipos: positivas (hipertróficas) ou negativas (atróficas). Quando respostas negativas e positivas ocorrem simultaneamente no organismo, estudiosos de alometria* e simorfose** denominam-nas resposta cruzada positiva e negativa. O exemplo mais comum é o da atrofia da capacidade anaeróbia quando se treina especificamente a capacidade aeróbia por meio de exercícios prolongados. Esse efeito é suficiente para explicar o menor consumo de glicogênio muscular durante a realização de atividade física prolongada precedida de treinamento da potência aeróbia que, apesar de ser considerada benéfica ao organismo para poupar seus estoques de carboidratos, pode, também, prejudicar o desempenho físico nesse tipo de atividade. Além disso, também pode explicar a perda progressiva da capacidade de atletas especialistas em provas atléticas prolongadas de realizarem exercícios físicos em grande velocidade.

O conceito de *simorfose* foi amplamente discutido por Hochachka et al.,[54] Hoppeler e Weibel[55] e Weibel.[56] Fluck e Hoppeler[57] afirmaram que as modificações funcionais ocorridas no organismo em decorrência do treinamento físico envolvem alterações em mecanismos regulatórios (neurais, endócrinos e sinalização intracelular), propriedades contráteis e capacidade metabólica, o que realça a importância de se enfocar, no estudo dos efeitos do treinamento especializado, diversos processos, não apenas aqueles que supostamente "determinam" especificamente o desempenho físico.

Segundo Hoppeler e Weibel[58] e Weibel,[56] a estrutura do organismo equivale à organização estrutural-funcional de seus componentes, que é denominada simorfose. De acordo com esses pesquisadores, a organização estrutural dos sistemas biológicos apresenta a lógica do desperdício mínimo em estruturas, no sentido de que as funções desempenhadas não apresentem excessos ou ausências delas. Por exemplo, esses pesquisadores determinaram para a potência aeróbia que:

- a expressão gênica de mitocôndrias é proporcional ao VO_2máx (consumo máximo de oxigênio);

* A alometria estuda as relações existentes entre tamanho corporal e taxa metabólica, por exemplo.
** Simorfose verifica se existem no organismo estruturas ou processos acima do necessário, como se fossem reservas emergenciais para o organismo. Nesse conceito, estrutura e função são equivalentes ou, se existem, é porque desempenham alguma função esperada sem que ocorram em excesso. Esse conceito contraria os de redundância e degeneração, a serem discutidos na terceira parte deste livro.

- a quantidade de capilares e a concentração de eritrócitos, no capilar, contribuem igualmente para favorecer o suprimento de oxigênio e substratos para o tecido muscular;
- o volume sanguíneo e o hematócrito correlacionam-se com o VO_2máx.

Contudo, essa lógica parece não se repetir na interface capilar-interior celular. Nessa região, parece existir alguma perda de eficiência na comunicação entre os compartimentos intracelulares e os extracelulares.[55] De fato, grande parte dos substratos derivados do tecido adiposo não é consumida pela fibra muscular em virtude da reduzida capacidade dos sistemas de transporte de ácidos graxos do meio extracelular para o intracelular, em que são oxidados dentro da mitocôndria. Essa limitação favorece que grande parte do ácido graxo liberado do tecido adiposo retorne a este e sofra resterificação. Portanto, em virtude da participação de inúmeras estruturas e processos na determinação do desempenho físico em atividades de potência aeróbia, é importante que o exercício físico imponha ao organismo estimulação compatível com a simorfose. O objetivo do treinamento dessa capacidade física deve ser ampliar a funcionalidade da rede de interações dinâmicas existentes entre as partes do organismo que determinam sua manifestação. A simorfose é, portanto, mais uma tentativa de ampliar o poder de atuação do princípio da especialidade no TFE.

Do exposto, pode-se dizer que é a rede de interações sistêmicas e metabólicas especificamente envolvidas com a potência aeróbia que é o seu fator limitante, e não um fator isolado, o metabolismo mitocondrial ou o sistema de transporte de oxigênio, por exemplo. Essas afirmações também se aplicam à potência anaeróbia, e esta será discutida quando forem apresentados adiante os conceitos de sensibilidade e insensibilização metabólica.

Simorfose ou simorforose é conceito derivado de estudos realizados na alometria o qual significa que, em sistemas biológicos, estrutura e função estão relacionadas, sem a ocorrência de desperdício; ou seja, não há excessos ou faltas no organismo de seres vivos em termos estruturais.

Segunda parte

CONCEITOS

6 Introdução
Conceitos em exercício e atividade física

Alguns termos relativamente simples e constantemente empregados nas áreas do Esporte e Educação Física, como exercício físico, atividade física, desempenho, rendimento, trabalho, potência, aptidão física (*fitness*) e eficiência, dentre outros, são frequentemente utilizados. Esses termos não são claramente definidos e são frequentemente empregados de forma ambígua, porque falta o referencial teórico que oriente o uso deles. Uma possibilidade para resolver essa questão é usar o sistema de símbolos e conceitos internacionais que foi adotado a partir de 1960, denominado por sistema internacional de unidades (SI).[59-61]

Caso algum conceito não seja encontrado nesta fonte, devem-se buscar informações em teorias ou paradigmas de amplo alcance. Mesmo assim, ao se utilizar definições ou conceitos científicos, deve-se adotar posição crítica em relação a eles, pois podem refletir interpretações de indivíduos ou de uma comunidade científica, não sendo, portanto, inquestionáveis. Essa afirmação torna-se muito importante porque, embora se reconheça que a Ciência deva fazer pesquisa com rigor elevado, tanto no uso de técnicas quanto na confecção de hipóteses, termos ou conceitos devem seguir rigorosamente teorias ou paradigmas devidamente estabelecidos.

Dois conceitos importantes para as áreas de Esporte e Educação Física são exercício e atividade física. Geralmente se utiliza o conceito de exercício físico relacionado com movimento: "estrutura planejada envolvendo movimento repetido", como andar, nadar, correr ou saltar. Contudo, existem situações em EFE (Educação Física e Esporte) em que se utiliza grande quantidade de energia sem realizar movimento, existindo vários exemplos na ginástica artística e na Fisioterapia. No arco e flecha e no tiro com pistola também se objetiva minimamente a realização de movimentos. Outros exemplos incluem a posição sustentada de membros inferiores na vela durante o controle da embarcação, no surfe, no esqui e no *skate*. Portanto, o exercício físico nem sempre está envolvido com movimento, significando que para ser de âmbito universal sua definição deve incorporar situações em que o movimento não seja necessário.

Alguns pensadores consideram a Educação Física exemplo de área envolvida com atividades físicas. Na definição de atividade física aparece sua relação com atividade considerada prazerosa, ao contrário das esportivas, porque são muito exigentes ou causam desconfortos, como intensa dor muscular. Atividades físicas simbolizam, nesse caso, aquelas que são praticadas dentro de limites estabelecidos pelos próprios indivíduos, sendo em alguns casos relacionadas também com recreação e lazer. Atividade física foi definida como "movimento do corpo produzido devido à ação muscular, resultando em utilização dos estoques de energia em que a intensidade pode variar do menor para o maior nível de exigência, guardando relações diretas com a aptidão física".

Como fatores ligados à saúde ou à aptidão física devem ser considerados na definição de atividade física, intensidade, frequência e duração do esforço físico devem ser levadas em conta. Assim, sugeriu-se que exercício físico deve ser considerado uma subdivisão da atividade física. Dessa forma, deve-se definir exercício físico como:

- movimento corporal produzido pela ação muscular;
- gerando gasto energético, que pode variar com sua intensidade;
- positivamente relacionado com aptidão física;
- movimento planejado ou estruturado e praticado de forma repetida;
- o objetivo é manter ou elevar a aptidão física.[62]

Nessa definição não se observam claramente diferenças entre exercício físico e atividade física. Além disso, alguns autores reconhecem que tanto exercício como atividade física podem objetivar a aptidão física. Como aptidão física é normalmente relacionada com capacidade aeróbia, o exercício ou a atividade física deve estimular essa capacidade física para contribuir efetivamente para a aptidão. Embora a influência médica seja notória nessa afirmação prévia, em uma visão atual, outras capacidades físicas também devem ser estimuladas para que se tenha aptidão física ideal, principalmente em razão da complexidade inerente ao organismo humano. Portanto, prática de exercício físico ou de atividade física, em alguns casos, pode até mesmo considerar a motivação do praticante como fator diferenciador delas. Ou seja, suas distinções parecem depender do contexto ou das circunstâncias envolvidas, parecendo, portanto, conceitos similares.

- *Atividade física* – qualquer movimento corporal produzido por músculos esqueléticos que resulta em gasto energético.
- *Exercício físico* – movimento corporal planejado, estruturado e repetido feito para elevar ou manter um ou mais componentes da aptidão física.
- *Aptidão física* – série de atributos que a população possui ou busca que se relaciona com capacidade para desempenhar atividade física.

Uma definição de exercício físico bastante refinada que foi sugerida é a seguinte: "desestabilização da homeostase pela atividade muscular que envolve combinação ou em particular das contrações concêntricas e excêntricas". Como afirmado antes, nessa definição falta o exercício físico em que a contração isométrica predomina. Além disso, o conceito de homeostase é muito criticado atualmente. Outros problemas incluem:

- a não distinção entre exercício físico e sobrecarga, inerente na definição anterior;
- a utilização de termos como aptidão, que, na verdade, possui definição normalmente relacionada específica e exclusivamente com reprodução

na teoria evolutiva de Darwin; nesse caso, o problema reside na adoção da definição de *fitness* que foi traduzida sem levar em conta a existência de referencial teórico que serve de base para esse conceito. Ou seja, como *fitness* se relaciona com aptidão, passou-se a utilizá-la como sinônimo de "aptidão física".

- Energia (do grego ἐνέργεια - *energeia*, "atividade, operação", do ἐνεργός - *energos*, "ativo, trabalhando") é uma propriedade do objeto e do sistema que é conservada.
- Energia é normalmente definida como a capacidade de realizar trabalho.
- Durante a transformação de uma forma em outra, a energia total continua a mesma.
- Esse é o princípio da conservação da energia, postulado no século XIX, e que se aplica a sistemas isolados (Primeira Lei da Termodinâmica).

Intimamente relacionada com a definição de exercício físico é a de trabalho, porque estas são frequentemente utilizadas de forma inter-relacionada (trabalho físico). Conceitos relacionados são os de sobrecarga de trabalho, trabalho mecânico etc. Trabalho mecânico tem seu conceito definido na Mecânica Clássica como "o deslocamento provocado em conseqüência da aplicação de força em determinado ponto ou em um objeto". Como consequência, é calculado como o produto entre a força e a distância percorrida, tendo como unidade o joule (J). Um joule de trabalho realizado equivale à aplicação de força de 1 newton (N) quando se observa o deslocamento de 1 m. Com essa definição de trabalho, pode-se considerar que o trabalho executado durante a contração isométrica é igual a zero.

Independentemente dessas considerações, é normalmente aceito que toda vez que o organismo é submetido a certa intensidade de exercício físico, este vivencia aquilo que é considerado carga ou sobrecarga de trabalho. Intimamente relacionada com trabalho e exercício físico está o conceito de energia, porque, para a realização de movimento, em razão da contração muscular, é necessário que substratos armazenados no tecido muscular sejam decompostos, e sua energia potencial, colocada à disposição dos filamentos contráteis do músculo esquelético. Entretanto, a relação entre energia, trabalho e exercício físico pode gerar confusões, já que a liberação de energia não está diretamente relacionada com trabalho externo, mas com troca energética expressa na noção de calor. Em função disso, foi sugerida a seguinte definição de energia quando se fala em exercício físico: "aquilo que deve ser utilizado para a realização do exercício físico".

Nesse contexto, trabalho é definido como a transferência controlada de energia de um sistema que exerce força numa direção específica promovendo modificação proposital em outro sistema. É inevitável (espontâneo = ΔG negativo), mesmo que em pequeno valor, que seja dissipada (liberada sem controle) alguma energia durante a transferência. ΔG significa energia livre ou energia útil, porque pode ser transformada em trabalho. Outra denominação para energia livre exposta a seguir é denominada exergia.[63,64] Trabalho é considerado a forma mais comum de transferência de energia; para tanto, um corpo deve agir (forçar) outro aplicando força na direção do movimento. Portanto, um corpo estará realizando trabalho sobre outro somente quando este estiver resistindo ao movimento – em oposição à direção deste.

O corpo atuante transfere sua energia para o corpo que resiste, e a quantidade de energia transferida é o trabalho feito por meio da ação sobre o corpo que resiste igual ao produto da força multiplicado pela distância percorrida, ou vice-versa. Pense nessa definição quando um arremessador de peso que, ao arremessá-lo, transfere certa quantidade de energia para o implemento e aguarda para saber se o valor transferido é suficiente para melhorar seu índice anterior.

Como trabalho é transferência de energia, a contração ou tensão muscular gerada converte energia química em térmica e transferência de calor, por exemplo, pela transpiração, e uma pequena parte desta é aproveitada na realização de movimento. A energia utilizada para tanto vem da hidrólise das ligações de fosfato presente em moléculas de ATP (trifosfato de adenosina ou adenosina trifosfato) (Figura 6.1). O valor inicialmente obtido para o aproveitado bioenergético na formação de ATP em razão do consumo de substratos foi calculado como sendo em torno de 35%-40%, depois foi corrigido para 50%-55% e, agora, o valor situa-se em 70%. Os valores percentuais assim definidos são totais, mas o leitor deve lembrar que substratos consumidos durante a realização de trabalho possuem valores diferenciados. Essa afirmação será explicada melhor a seguir. Mesmo assim, os valores energéticos aproveitados pelo organismo são considerados bastante elevados se considerarmos a eficiência energética das máquinas construídas pelos seres humanos. Portanto, energia se manifesta por meio do trabalho e da transferência de calor, sendo sua dimensão a mesma da força e do deslocamento. Joule demonstrou que 4,187 Nm de trabalho, quando dissipado na forma de calor, equivale a 1 kcal. Em sua homenagem, 1J é igual a 1 Nm de trabalho, sendo a potência definida em watts, que é 1 J/s.

Joule (J): quantidade de trabalho para deslocar um ponto, sob o qual está aplicada uma força de 1 newton, por um metro, na direção da força aplicada.

Considerando que a força gravitacional da Terra é igual a 9,81 N, levantar uma massa de 1 kg por um metro a partir da superfície da terra despenderá um trabalho de 9,18 J.

Caloria: energia necessária para aquecer 1 grama de água de 14,5 para 15,5°C. Essa unidade não é reconhecida pelo SI. Mesmo assim, por ser grandemente utilizada na Biodinâmica, será aqui considerada.

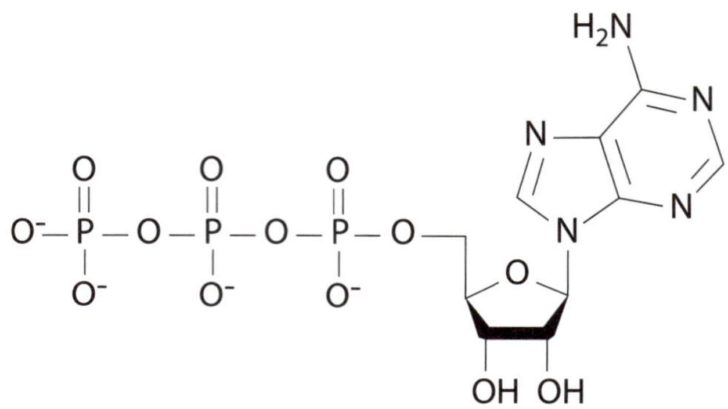

FIGURA 6.1 - Molécula de trifosfato de adenosina. Energia retirada de substratos é armazenada nas suas ligações fosforil.

Para se adequar ao gasto energético imposto ao organismo em razão da transferência de energia, normalmente se faz distinção entre trabalho interno e externo, porque o gasto energético durante o trabalho realizado deve considerar o sistema inteiro, e não somente componentes diretamente relacionados com execução de movimento. Ou seja, embora externamente não se observe qualquer trabalho realizado em razão da ausência de movimento, diversos componentes do aparelho locomotor estão contribuindo ativamente para a sustentação da contração muscular.

Energia é, portanto, um conceito fundamental indivisível da matéria, do espaço e do tempo, porque transferência de energia está associada com todos os processos (ou mudanças). De fato, transferência de energia é necessária para produzir mudança nas propriedades de outro sistema. Além disso, energia pode ser convertida em massa e vice-versa, sintetizada na famosa equação de Einstein – $E = mc^2$. Ou seja, qualquer mudança acontecendo no tempo e no espaço é causada por trocas ou transferências de energia de um corpo para outro ou de uma substância (sistema ou subsistema) para outra.

Um sistema somente poderá assim ser considerado (ou o contrário) se estiver ocorrendo transferência de energia em seu interior (energia interna na microestrutura do sistema) ou em relação a outros sistemas externos a ele (macroscópica). Outro fato importante envolve a queda natural na quantidade energética do sistema sempre que há transferência de energia interna ou em relação a outro sistema, e sempre que a transferência se dá do alto potencial energético para o mais baixo, configurando a existência de gradiente de energia. Portanto, pode-se dizer, tomando por base a TC, que perda de complexidade pode limitar a funcionalidade sistêmica em termos energéticos, tanto interna como externamente, e prejudicar os processos de sua transferência que se reflete em queda na eficiência bioenergética. Assim, pode-se dizer que modificações na eficiência bioenergética podem ser indícios de queda na complexidade sistêmica.

Será descrito adiante que o TFE (treinamento físico-esportivo) pode elevar a eficiência com que a energia armazenada em elementos não contráteis do músculo é utilizada durante o exercício físico, mas não há indícios de que a eficiência bioenergética seja elevada nessa condição. Eficiência bioenergética está sendo considerada como o aproveitamento da energia liberada de substratos para síntese de ATP no meio intracelular e sua utilização na realização de trabalho mecânico. Como trabalho é definido como a extração ou transferência de energia de forma organizada de um sistema de forma a mudá-lo propositalmente, sempre nos referimos a esse conceito como "capacidade de realizar trabalho".*

Complexidade significa existência de partes em um sistema que se unem configurando uma rede altamente complexa. Em termos bioenergéticos, medida de complexidade equivale a se conhecer a eficiência energética do sistema. De fato, uma propriedade inerente à complexidade biológica em termos evolutivos é o aumento na eficiência bioenergética com a elevação na complexidade.

O trabalho máximo realizado em relação à energia disponível só é possível se for prevenida toda perda por dissipação, o que equivale a 100% de eficiência.

* Trabalho químico: síntese dos componentes celulares; trabalho osmótico: acúmulo e retenção de sais e outros compostos contra gradiente de concentração; trabalho mecânico: contração muscular e movimentação de flagelos.

Como isso não é possível em sistemas naturais, é previsível que no Esporte, em razão de as atividades físicas serem realizadas em alta intensidade, trabalho realizado dessa forma deve gerar grande desperdício energético.

Eficiência é um termo originário dos estudos realizados por Watt na Engenharia e na Mecânica Clássica e geralmente relaciona trabalho mecânico com energia disponibilizada para tanto. Ou seja, objetiva com isso conhecer quanto se utiliza de energia durante o trabalho e quanto é desperdiçado. Uma vez de posse desta informação, podem-se desenvolver meios de se utilizar a energia com mínimo de desperdício ou reduzi-lo a um mínimo possível. É expressa em joules no SI, sendo descrita como percentagem; ou seja, o resultado da razão entre quantidade de energia disponível e o que foi aproveitado é multiplicado por 100.

Para quantificar a energia transferida ou utilizada durante o exercício físico, é utilizado procedimento indireto tendo por base o consumo de oxigênio. Como a parte da energia diretamente relacionada com trabalho é menor do que o total disponível, isso estabelece um problema no uso desse parâmetro porque não se pode quantificar de forma precisa o valor que é desperdiçado. Outro problema não verificado pelo procedimento é a contribuição dos processos anaeróbios na produção energética total. Até o momento, muito pouco se fez quanto ao propósito de quantificar a eficiência bioenergética do organismo durante o exercício físico com característica anaeróbia. Em virtude dessas limitações, na mensuração indireta da energia consumida durante o exercício, estimativas são denominadas por economia de corrida, eficiência delta, grosseira, mecânica ou de trabalho.

A avaliação do gasto energético de maneira indireta, quando realizada, possuirá maior validade se o exercício físico consumir energia derivada principalmente de processos oxidativos. Para tanto, o consumo de oxigênio quantificado deve ser multiplicado por um equivalente energético obtido do QR (quociente respiratório), sendo variável o valor obtido em razão da presença do equivalente energético não considerado do catabolismo proteico. Se esse índice não for considerado, assumir-se-á o maior papel dos carboidratos e lipídios como fonte de energia, mas não se deve esquecer que, em exercícios em *steady state*, a con-

Rendimento, em Física, é calculado da mesma forma que eficiência. Portanto, eficiência é sinônimo de rendimento.

tribuição dos três principais substratos ocorre simultaneamente, mesmo com valores desiguais.

Intimamente relacionado com eficiência bioenergética encontra-se o conceito de rendimento porque, assim como o primeiro, o segundo significa percentual de aproveitamento ou quantidade que retrata o valor aproveitado de uma quantidade total disponível. Portanto, neste livro, rendimento será considerado sinônimo de eficiência. De fato, em nosso dia a dia, é muito comum falarmos em rendimento esportivo, rendimento por km do combustível utilizado, rendimento da caderneta de poupança etc. Na Física, a noção de rendimento está relacionada a energia e potência toda vez que um sistema realiza trabalho. Nesse processo, parte da energia total é dissipada, seja por motivos de falha ou em razão do atrito. A energia dissipada não é perdida: ela é transformada em outros tipos de energia (Lei de Lavoisier). Rendimento, em Física, é calculado da mesma forma que eficiência, como será descrito a seguir.

Uma pergunta importante a ser respondida é se existe queda na eficiência bioenergética com o TFE e se isso está possivelmente relacionado com perda de complexidade sistêmica. Existem dados científicos que serão descritos e discutidos neste livro que mostram que o TFE não eleva a eficiência bioenergética do organismo. Pelo contrário, há indícios, na verdade, que mostram aumento no desperdício bioenergético em razão dessa prática, não sendo, portanto, correta a expressão *esporte de alto rendimento* quando se relaciona esse conceito com eficiência bioenergética.

Duas justificativas encontram-se disponíveis para essa afirmação:

- A primeira já foi brevemente comentada, porque medidas indiretas tomando por base o consumo de oxigênio ou QR não quantificam precisamente a energia desperdiçada.
- Efeitos positivos do treinamento no melhor aproveitamento da energia presente no organismo ocorrem sob a forma de energia mecânica, que se acumula nos elementos não contráteis presentes no músculo esquelético, o que eleva as possibilidades bioenergéticas do organismo

durante o exercício físico. A própria técnica de movimento, quando bem-executada em termos biomecânicos, pode minimizar a queda na eficiência durante o exercício físico intenso, ou aproveitar melhor o que se encontra disponível.

Utilizando medidas indiretas, foi determinado que a eficiência do trabalho muscular é da ordem de 25%-30%. Portanto, 70%-75% da energia mecânica disponível é liberada na forma de calor. Os valores podem variar em corredores de elite, provavelmente por existirem diferenças no armazenamento e na liberação da energia presente na estrutura elástica dos tendões. Além disso, existe relação inversa entre VO_2máx (consumo máximo de oxigênio) e economia energética no ciclismo. Esse resultado pode ser explicado pelas diferenças na eficiência de fibras do tipo IIa porque possuem alta demanda por energia e oxigênio e são menos eficientes. Na verdade, quanto maior a capacidade oxidante da fibra muscular, menor é a eficiência. Além disso, o custo energético é igual em sedentários e treinados.

Em todas as reações de síntese ou de transferência bioenergética, constata-se alguma perda, que caracteriza esse processo como dissipativo, responsável por manter sistemas biológicos distantes do equilíbrio ou *steady state* em termos bioenergéticos. Medidas de *steady state* bioenergético baseiam-se em quantificação de consumo de O_2 e produção de CO_2, sem precisar, com esse procedimento, a energia desperdiçada naturalmente por sistemas biológicos. Por isso, esse conceito não descreve a real condição de seres vivos em termos bioenergéticos.

Outra possibilidade de diferença individual quanto ao desempenho físico e à eficiência bioenergética pode residir no melhor aproveitamento energético na produção de ATP ou na utilização da energia contida nessa molécula. Contudo, foi demonstrado que a eficiência grosseira (movimento) não pode ser explicada pela diferença na fosforilação oxidativa (*in vitro*) e que eficiência mitocondrial não é diferente em indivíduos treinados relativamente aos não treinados. A energia necessária para a realização de trabalho obtida pelo consumo de oxigênio e corrigida pelo substrato utilizado também não é diferente no adulto e na criança; ou seja, a eficiência bioenergética independe da maturação.

Entropia

- É uma função de estado. Objetos possuem mais ou menos entropia, dependendo do seu estado. A entropia do sistema é a somatória daquela inerente às suas partes.
- *Aquecimento* - O aumento na entropia promove maior aquecimento no sistema.

- *Efeitos colaterais* - Mudanças no volume, no formato, na agregação e no magnetismo.
- A entropia flui na direção de queda na temperatura.
- A temperatura cria uma espécie de tensão térmica para o movimento da entropia.

Com isso, pode-se dizer que, em termos bioenergéticos, eficiência relaciona-se com o aproveitamento da energia derivada de açúcares e lipídios na síntese de ATP na fosforilação oxidativa, e com quanto da energia presente no ATP é convertida em trabalho. Outro fato importante é a relação direta existente entre calor derivado da energia não utilizada na realização do trabalho e entropia. Entropia significa energia degradada que tem normalmente seu valor elevado quando as transferências ou conversões energéticas são aumentadas, como no exercício físico. De fato, utilizando dados de calorimetria e temperatura corporal, foi determinado que o exercício físico moderado ou o extenuante promovem aumento na entropia em torno de duas e sete vezes, respectivamente.[65] Assim, com o aumento na atividade metabólica pelo exercício físico, também se eleva a produção de calor e a entropia. Além disso, de acordo com a termodinâmica e, em particular, com relação aos organismos homeotérmicos, a atividade metabólica e a produção de entropia são proporcionais.[65,66]

Características dos sistemas dissipativos

- *Abertos* – trocam matéria/energia com o meio ambiente.
- *Desequilíbrio* – persistem em *steady state* dinâmico distante do equilíbrio termodinâmico.
- *Gradiente de energia* (*exergia*) – sua preservação mantém o desequilíbrio.
- Exergia é degradada irreversivelmente na manutenção do gradiente. A entropia é exportada.
- *Material ou ciclo energético* – transporte físico ou ciclos químicos são formados para transportar material ou energia ao longo do gradiente formado no sistema.

- *Comportamento caótico ou catastrófico* – o sistema pode mudar descontinuamente ou de maneira imprevisível em resposta a pequenas perturbações do ambiente.
- Com o aumento progressivo na entropia em virtude de várias reações no sistema complexo, a exergia diminui até o ponto em que, quando a primeira torna-se máxima, a segunda se reduz a zero.

No mundo real ou biológico, portanto, todas as mudanças espontâneas ou decorrentes do trabalho são acompanhadas de produção de energia degradada na forma de calor, com concomitante aumento na entropia sistêmica (Figura 6.2). Entropia pode também ser exemplificada pela noção de desordem que acompanha qualquer transformação química ou sistêmica, como é o caso da glicose (sólida), que é transformada em água (líquida) e CO_2 (gás) pelo catabolismo celular. Ou seja, à medida que a glicose sofre essas transformações, suas moléculas tornam-se mais desordenadas, que se refletem no aumento na entropia, que é sinônimo de desordem ou homogeneização progressiva e perda de seu potencial energético e consequente queda na capacidade de favorecer a realização de trabalho. Nota-se, em função disso, perda de complexidade sistêmica com o aumento na entropia sistêmica e possível perda na eficiência bioenergética.

Fotossíntese

$$6\,CO_2 + 6\,H_2O \rightleftarrows C_6H_{12}O_6 + 6\,O_2$$

$\Delta G^{o\prime} = +\,686$ Kcal

Respiração

$$C_6H_{12}O_6 + 6\,O_2 \rightleftarrows 6\,CO_2 + 6\,H_2O$$

$\Delta G^{o\prime} = -\,686$ Kcal

FIGURA 6.2 - A fotossíntese é o contrário da respiração, e são interdependentes.

Essa observação tem sido útil na formulação da hipótese de que o envelhecimento biológico começa quando os sistemas passam a perder a capacidade de degradar energia e, concomitantemente, em produzir menos entropia específica, que é a entropia produzida levando-se em conta o tempo, o volume ou a massa do sistema.[65] Deve-se ressaltar que esse fenômeno pode estar relacionado com perda de complexidade sistêmica com a idade, que resulta em menor eficiência dos processos metabólicos ou bioenergéticos em utilizar efetivamente os substratos disponíveis. Outra questão importante envolve aspectos do envelhecimento e exercício físico e como modificações na eficiência bioenergética associadas à perda de complexidade podem comprometer o desempenho físico.

Alguns pesquisadores acreditam que, mesmo realizando exercício físico intenso, a produção de entropia orgânica e celular possa ser minimizada. Para tanto, utilizam as ideias de Prigogine sobre a produção de entropia mínima em condições de *steady state*. Portanto, espera-se que, no exercício físico prolongado praticado persistentemente, a condição estável obtida deva se caracterizar por mínima produção de entropia e máxima eficiência metabólica. Além disso, apesar de o organismo em exercício representar um estado de desequilíbrio extremo, mesmo nessa condição, ajustes induzidos pela prática regular de exercício poderiam propiciar ao sistema diminuição na sua capacidade de produzir calor e entropia. Essa afirmação será devidamente criticada posteriormente.

Desempenho físico e rendimento físico são conceitos utilizados sem que se façam distinções entre ambos. Desempenho deve ser entendido de forma quantitativa, sem se fazer alusão ao seu significado qualitativo. Já rendimento significa eficiência. Não existe esporte de alto rendimento, mas esporte de alto desempenho. Rendimento ou eficiência só são possíveis de ser estabelecidos em termos comparativos.

Não sabemos qual a contribuição relativa dos processos produtores de energia pelo metabolismo celular e da energia elástica muscular; mesmo assim, durante a realização de movimento, toda a energia disponível é utilizada na realização de trabalho. Como o desempenho físico depende do total de energia presente no organismo, não somente da Química, mas também da Mecânica, ou da eficiência nas interconversões da energia química em mecânica, qualquer fator que imponha queda na funcionalidade dos seus componentes irá certamente contribuir para que a capacidade de trabalho seja reduzida em razão da queda constatada na eficiência do seu aproveitamento. Desempenho físico depende de informação e energia, assim como da eficiência bioenergética e biomecânica, para que se efetive. Contudo, assim como os conceitos previamente comentados, este também não possui definição adequada, ou confunde-se com rendimento físico.

Rendimento físico foi previamente considerado equivalente a eficiência, não sendo, portanto, possível relacioná-lo diretamente com desempenho. Propõe-se neste livro que, na definição de DFE (desempenho físico-esportivo), basta considerar quantidades como tempo (s, min, h), distância (m, km) e velocidade (m/s, km/h), que são valores mais do que suficientes para se saber o desempenho quando alguém está se exercitando. "Para saber se os valores obtidos são satisfatórios, nada melhor do que a competição para verificar se os mesmos podem significar o primeiro, segundo ou terceiro lugares".[67] Medidas da eficiência bioenergética e biomecânica, uma vez agrupadas na noção de rendimento físico, podem ser fator importante na diferenciação dos concorrentes.

James Prescott Joule (1818-1889)

$W = \alpha.Q$

Calor (Q) e trabalho (W) são duas formas de entidades imutáveis presentes na natureza (*power, motive force, vis viva*, hoje sinônimo de energia).

7 Conceitos de energia

Sem energia não é possível realizar movimento e, portanto, executar as atividades típicas de Esporte e Educação Física. Apesar de sua importância, a definição de energia não é devidamente discutida nessas áreas, sendo normalmente utilizada como sinônimo de trabalho. Entretanto, em termos esportivos, potência deve ser vista como um conceito mais importante, já que trabalho, nesse contexto, deve ser realizado levando-se em conta as variáveis tempo e velocidade. Portanto, energia armazenada no organismo na forma de substratos não deve ser vista de forma quantitativa, como pressupõe a noção de supercompensação.

Diferentemente das máquinas a vapor, em que a energia estocada, por exemplo, na madeira é primeiramente convertida em calor e posteriormente em trabalho, organismos não são capazes de utilizar essa forma de energia diretamente. Para tanto, armazenam a energia liberada de substratos nas ligações químicas da molécula de ATP (trifosfato de adenosina ou adenosina trifosfato).

Rudolf Clausius (1822-1888)

- Calor e trabalho são inter-relacionados (Primeira Lei).
- O calor não flui do objeto naturalmente com baixa temperatura para o que possui maior temperatura.
- A Primeira Lei faz menção ao calor, a conservação está somente envolvida.

- O trabalho pode ser destruído num processo em que o calor não participa.
- A entropia de um sistema fechado só aumenta e nunca diminui.
- Calor foi combinado com trabalho em nova quantidade denominada energia.

Esse processo ocorre no citoplasma e no interior de mitocôndrias, resultando, como consequência, em grande aproveitamento da energia para realizar trabalho externo ou interno ao organismo, quando a energia presente no ATP é liberada. Como no processo de sua utilização na realização de trabalho grande parte é desperdiçada, há elevada liberação de energia na forma de calor, sendo essas interconversões denominadas *turnover* de ATP.[68] Ao contrário dos lipídios armazenados no organismo, os estoques de açúcares do organismo são limitados, sendo necessário seu consumo periodicamente por meio da alimentação.

Energia consumida por meio do alimento ou presente nos estoques do organismo é liberada diariamente por meio de exercício físico, crescimento/desenvolvimento, reprodução, metabolismo basal e processos responsáveis pelo efeito térmico do alimento (digestão, aumento na peristalse, mastigação, transporte e gasto com a biossíntese).

Todo excesso de energia consumido não utilizado é transformado em lipídios no organismo humano. Em média, o metabolismo basal de um ser humano consome 70% do total energético disponível, e o efeito térmico do alimento gira em torno de 5%-10%; o restante é gasto principalmente com atividade física. O metabolismo basal é bastante relacionado com o tamanho corporal, com valor de aproximadamente setenta vezes a massa corporal (em kg) elevado à potência de 3/4. Para corrigir as diferenças na massa corporal na quantificação da energia utilizada diariamente, recomendam-se a utilização da razão correspondente ao total de energia liberado (TEL) e ao metabolismo basal (MB) (TEL/MB). Dessa forma, foi estimado para os ancestrais humanos australopitecínios valor em torno de 1,6-1,7 para o *H. habilis* e 1,8 para o H. erectus e os primeiros *H. sapiens.* Para agricultores ou coletores atuais, o valor está em torno de 2,0 ou acima, e para o homem moderno, tipicamente sedentário, próximo de 1,4.[69]

Tanto o TEL como o MB, quando expressos em função da massa corporal, regrediram recentemente em razão das mudanças ocorridas na sociedade moderna e contemporânea. Isso se reflete em menores valores de dispêndio energético apresentado por humanos, provavelmente em virtude da queda no metabolismo basal que tem relações diretas com menor massa magra e aumento concomitante na massa gorda comparativamente aos nossos ancestrais hominídeos e agricultores que foram estudados. De fato, valores maiores de dispêndio energético obtidos para agricultores podem ser explicados pelo esforço físico diário na lavoura ou então em razão das longas caminhadas diárias realizadas no campo.[70]

Do total de alimentos ingeridos por animais e humanos, uma parte não pode ser digerida ou absorvida, sendo excretada nas fezes. Os nutrientes absorvidos em nossos intestinos, incluindo aminoácidos, carboidratos e gordura (ácidos graxos), podem ser estocados para uso posterior ou servir para uso imediato a fim de realizar diversas tarefas. Muitas das tarefas dependentes de energia podem ser consideradas, como previamente comentado, trabalho interno e externo.[71]

Cada forma de energia, incluindo energia química, mecânica, elétrica e calor, pode ser convertida entre si. Calor é energia cinética resultante do movimento aleatório de moléculas, que é a forma não utilizável de energia ou a forma com que tende a ser degradada. De acordo com a Segunda Lei da Termodinâmica, toda energia disponível pode ser convertida totalmente em calor ou que nenhuma forma de energia pode sofrer transformação sem que calor seja gerado. Além disso, em razão das características dos organismos homeotérmicos, não é possível degradar substratos em altas temperaturas com a intenção de elevar a eficiência metabólica ou de processos internos dela dependentes.

Para obter mais energia na unidade de tempo e compensar as perdas na forma de calor, organismos elevam a velocidade metabólica quando a demanda é amplificada. A velocidade metabólica é expressa na forma de potência metabólica, que normalmente é medida em joules (trabalho realizado na unidade de tempo). Kcal/min (1 watt = 0,0143 kcal/min) é outra forma frequentemente utilizada. Fisiologistas que usam consumo de oxigênio como medida da potên-

Em termos reducionistas, parece existir no hipotálamo um centro de controle da disposição para a atividade física ou o sedentarismo. Além disso, a sociedade é rica em técnicas que facilitam nossas ações. Isso se reflete em menores valores de dispêndio energético apresentado por humanos, provavelmente em razão da queda no metabolismo basal que tem relações diretas com menor massa magra e aumento concomitante na massa gorda comparativamente aos nossos ancestrais hominídeos e agricultores.

cia metabólica a expressam normalmente como mL de O_2/min ou LO_2/min em vez de converterem medidas de O_2 em unidades de energia.

Potência metabólica pode ser obtida direta ou indiretamente por meio de medidas de energia liberada pelo organismo na forma de calor ou por meio do consumo de oxigênio. A calorimetria direta utiliza o princípio previamente exposto de que toda energia consumida pelo organismo pode terminar na forma de calor. Para tanto, deve-se enclausurar o organismo em uma câmara termicamente isolada (calorímetro) e monitorar o aumento da temperatura em seu interior. Apesar de o procedimento ser simples, é bastante dispendioso e não permite muita liberdade de movimento necessária ao estudo da atividade física. Quando métodos indiretos são utilizados, estes devem ser confrontados com medidas obtidas por procedimentos diretos para verificar as suas validades. Método indireto é conhecido por calorimetria indireta, porque utiliza o consumo de oxigênio como indicador do calor liberado, porque a quantidade de energia produzida é proporcional ao seu consumo na respiração celular.

Para que oxidações por oxigênio tenham validade, o organismo deve realizar o exercício físico de forma moderada. Já no exercício físico intenso, processos anaeróbios podem prejudicar análise ou nela interferir. Para evitar esse problema, recomenda-se que o indivíduo em atividade física não exceda 75% da frequência cardíaca máxima, que é obtida através da regra 220 de frequência cardíaca máxima menos a idade do praticante. Outra observação a ser feita é a de que o indivíduo deve estar em *steady state* em relação ao consumo de oxigênio, pois se espera que nessa condição exista balanço entre seu consumo e a energia liberada para a realização do exercício físico. De fato, somente em *steady state* que a velocidade de consumo de oxigênio é um bom indicador da potência metabólica. Contudo, existem muitos críticos do *steady state* que o invalidam como princípio biológico. Além disso, esse procedimento não fornece informações sobre a energia utilizada pelo organismo em relação ao total disponibilizado pelas oxidações de substratos por oxigênio.

A correspondência entre consumo de oxigênio e energia liberada varia, dependendo do nutriente metabolizado pela célula. Isso porque carboidratos, ácidos graxos e proteínas diferem na quantidade de oxigênio necessária para oxidar essas moléculas. Para quantificar essas diferenças, deve-se medir a quantidade de CO_2 (VCO_2) produzida paralelamente ao oxigênio consumido (VO_2). Esse procedimento é denominado QR (quociente respiratório), já definido antes, que retrata a razão entre VCO_2 e VO_2. Quando medidas desses parâmetros são feitas a partir do ar expirado em vez de serem feitas a partir de medidas diretas do metabolismo celular, é denominado RTR (razão de troca respiratória). Além de o procedimento utilizado ocorrer em condições de *steady state*, deve-se evitar a hiperventilação. Para se calcular a potência metabólica, o VO_2 pode ser convertido de velocidade de consumo para velocidade de produção energética, utilizando-se dados do QR e valores de energia conhecidos de carboidratos (4,1 kcal/g) e gorduras (9,3 kcal/g). Ressaltamos que esses valores são obtidos por calorimetria direta.

Para se aceitar esse procedimento, deve-se concordar, assim como os primeiros estudiosos da Bioenergética, que a combustão de nutriente ou seu catabolismo consomem a mesma quantidade de oxigênio. De fato, em 1917, William Thornton verificou que existe relação linear entre O_2 consumido e calor produzido durante a combustão, independentemente do substrato oxidado (um átomo de oxigênio libera sempre a mesma quantidade de energia independentemente de a ligação pertencer a um átomo em particular). Ou seja, 1 LO_2 equivale a 21,1 kJ ou 5,5 kcal, e a transferência de energia por equivalente de O_2 é a mesma independentemente do combustível consumido (Lei de Thornton). O calor produzido por LO_2 de 21,1 kJ é derivado da glicose, sendo de 19,6 kJ para a gordura, existindo, portanto, 1,5 kJ (7%) de diferença entre glicose e ácido graxo. Os 21,1 kJ/LO_2 obtidos na oxidação de CHO incluem também uma pequena quantidade de energia liberada de sua oxidação em virtude da ativação da glicólise aeróbia ou da formação de ATP pela glicólise anaeróbia.[72]

Bioenergética descreve como os organismos vivos capturam, transformam e usam energia.

Todos os organismos vivos derivam sua energia direta ou indiretamente da energia radiante da luz solar.

Os organismos vivos são interdependentes, trocando energia e matéria através do meio ambiente.

A eficiência bioenergética desse processo pode ser quantificada indiretamente. Por exemplo, quando a molécula de glicose é completamente oxidada, há produção de 36-38 ATP, com eficiência próxima de 34,6%; já a oxidação da molécula de palmitato, que produz 106 moléculas de ATP, preserva 32,2% da energia total disponível nessa molécula. Foi obtido para uma molécula de aminoácido a produção de oito moléculas de ATP e eficiência de 10,4%. Esse valor corresponde a um terço da eficiência obtida com CHO ou lipídios, que pode ser usado para explicar o porquê de a proteína contribuir muito pouco com a energia necessária para o organismo quando CHO e lipídio estão ausentes. O cálculo da eficiência bioenergética leva em conta o total de energia disponível na molécula de glicose, por exemplo, que é obtido por calorimetria direta, e a quantidade de energia necessária para produzir uma molécula de ATP. Como são produzidos a partir da glicose completamente oxidada 36-38 ATP, basta que se verifique a quantidade aproveitada referente ao desperdiçado para tanto, multiplicando esse valor pela energia presente em uma molécula de ATP, relativamente ao total disponibilizado, multiplicado por 100.

Portanto, a entropia produzida por CHO e lipídios é bastante próxima e menor que a de proteínas. Ou seja, modificações no consumo de proteínas como fonte de energia mais importante pode ter grandes efeitos na produção de entropia em razão da sua baixa eficiência. Esses dados são importantes quando se objetiva estender o tempo de vida médio com a restrição calórica, porque o menor consumo de proteínas no mínimo recomendado tem se mostrado mais efetivo em ampliar esse valor.[65]

Quanto à eficiência bioenergética na armazenagem do alimento consumido, os cálculos devem levar em conta o efeito térmico do alimento, sendo seu valor maior para carboidrato comparado com lipídios. Na formação de lipídios a partir de CHO, o desperdício energético pode chegar a 25%, enquanto, a partir de lipídios, a somente 2%. Esses valores diferenciados são resultantes do aumento na oxidação de CHO quando este tem seu consumo elevado, sendo a eficiência no seu armazenamento em torno de 75%-85%. Em contrapartida, a armazenagem de gordura em razão do seu consumo em excesso não promove sua oxidação de maneira significativa, com a eficiência nesse processo em torno de 90%-95%.

A ingestão de proteína induz grande dispêndio energético em razão do alto custo na síntese de proteína, gliconeogênese e ureogênese, que está em torno de 0,25 MJ por proteína ingerida, relativamente aos carboidratos e lipídios. O custo energético da conversão de glicose em glicogênio foi estimado em 0,05 MJ por MJ de CHO ingerido, e o custo correspondente para a síntese de novo na lipogênese a partir de CHO, em torno de 0,24 MJ por MJ ingerido de CHO. O custo na estocagem de gordura a partir da gordura da dieta é da ordem de 0,02 MJ por MJ de gordura ingerida. O valor baixo para o custo energético para se armazenar gordura a partir de gordura é porque o processo não necessita de muitas interconversões de nutrientes.[72]

Potência metabólica

- Alta velocidade na produção de ATP requer alto fluxo de substrato que promove perda irreversível de energia e produção de entropia.
- Sistemas biológicos se deparam com a opção de utilizar de maneira ineficiente substratos na ressíntese rápida de ATP, ou utilizar substratos eficientemente com uma baixa velocidade na sua ressíntese.

Os dados previamente expostos e diferenças individuais quanto à eficiência bioenergética explicam o porquê de dietas isocalóricas, mas com nutrientes quantitativamente diferenciados, mostrarem resultados diferentes quanto ao emagrecimento.[3] Alguns pesquisadores até chegaram a ironizar esses resultados afirmando: “afinal uma caloria não é mais uma caloria!”.[74] Associado a esse fenômeno, alguns autores comentam o conceito de eficiência metabólica, porque a conversão em lipídios da energia consumida em excesso depende de vários fatores. Quanto às diferenças individuais, existem indivíduos que armazenam mais facilmente o excesso de alimento consumido, enquanto os menos eficientes eliminam grande parte deste na forma de calor.[75]

De fato, dietas utilizadas por alguns indivíduos com o objetivo de manter o peso promovem ganho quando consumidas por outros, mesmo com massa magra ou nível diário de esforço físico idênticos.[76] Portanto, animais obesos são mais eficientes na preservação de energia. Além disso, foi determinado que animais obesos são hipotérmicos relativamente àqueles magros, e o metabolismo basal é significativamente menor em propensos ao ganho de peso (+15 kg/4 anos) comparado com aqueles que não ganham peso.[75] Portanto, lipídios possuem maior potencial para promover ganho de peso, e, em termos comparativos, ácidos graxos saturados e monoinsaturados promovem maior propensão à obesidade do que ácidos graxos poli-insaturados.[77,78]

Se o consumo de lipídios em excesso na dieta pode promover obesidade por razões previamente expostas, seu uso constante, principalmente se for constituído de ácidos graxos poli-insaturados, pode promover maior indução de estresse oxidativo, porque ligações duplas nessas moléculas que caracterizam suas insaturações, uma vez incorporadas em membranas internas mitocondriais, tornam-nas mais suscetíveis a oxidação por EROs (espécies reativas de oxigênio).[79] Contudo, esse efeito pode não ser exacerbado porque ácidos graxos poli-insaturados reduzem a eficiência mitocondrial por meio de indução de queda no potencial eletroquímico da membrana mitocondrial interna. Caso esse potencial permanecesse elevado, maior seria a possibilidade de indução de formação de EROs. O menor potencial de membrana induzido em mitocôndrias por lipídios resulta em menor eficiência bioenergética porque são moléculas desacopladoras de mitocôndrias.[80] Ou seja, apesar de as mitocôndrias serem importantes na oxidação de ácidos graxos, aspectos qualitativos envolvendo diferenças intrínsecas nessas organelas devem ser também consideradas.[81]

Como resultado, foi constatado que o desperdício energético em virtude da indução de queda na funcionalidade mitocondrial pelo consumo de ácidos graxos poli-insaturados por animais resulta em menor obesidade do que ácidos graxos saturados ou monoinsaturados.[82] Fato que comprova essa afirmação é a indução de termogênese em ratos mantidos com dieta rica em lipídios em virtude do desacoplamento ocorrido na cadeia respiratória, o que favoreceu, no experimento realizado, resistência à obesidade nesses animais.[83] Obteve-se, nesse caso, elevação no conteúdo mitocondrial de proteínas desacopladoras da cadeia respiratória denominadas UCP3 (proteína desacopladora de mitocôndrias).[84] Além disso, ácidos graxos consumidos intensamente favorecem a queda na razão P/O, principalmente se forem do tipo poli-insaturado.[85] O contrário ocorre com a presença de carboidratos, porque, durante sua oxidação, a mitocôndria eleva o valor dessa razão.[86] Desacoplamento, nesse caso, significa que parte da energia de síntese de ATP gerada dentro da mitocôndria é perdida na forma de calor.[87] A razão P/O significa ATP produzido por oxigênio consumido.[84,88]

É possível, portanto, se o TFE (treinamento físico-esportivo) elevar a eficiência do organismo durante o exercício, que isso possa prejudicar a perda de peso, porque passa-se a desperdiçar menos energia com o treinamento. Contudo, esse efeito do exercício não é totalmente aceito porque o exercício físico por si ou em combinação com perda de peso eleva a eficiência grosseira, mas ativa a mobilização e o catabolismo de gordura durante o exercício moderado em obesos sedentários, mas só a dieta não exerce esse efeito. Em contrapartida, o TFE resulta em menor mobilização de gorduras do tecido adiposo com o treinamento em longo prazo, favorecendo o seu consumo intramuscular nessa condição. Nesses estudos, foi utilizada liberação de glicerol do tecido adiposo como parâmetro de lipólise que se manteve menor após treinamento realizado com atividades físicas prolongadas, relativamente ao estado pré-treinamento. Além disso, há indícios de que o TFE promove queda na eficiência bioenergética.

Do exposto, pode-se dizer que modificação na eficiência bioenergética envolvendo catabolismo ou anabolismo são dois aspectos distintos e não totalmente relacionados, além de fatores relacionados com diferenças individuais interferirem na interpretação de resultados obtidos experimentalmente envolvendo eficiência na execução de exercício físico ou em estudos sobre obesidade.

8 Medidas da eficiência bioenergética

A importância das pesquisas bioenergéticas envolvendo atividades físicas pode ser verificada em diversas situações na natureza, por exemplo, em animais migratórios, como aves e peixes.[89] No período migratório, por exemplo, o controle somatossensorial e a eficiência energética são fundamentais para garantir a sobrevivência da espécie, visto que o período para se alimentarem ou se reproduzirem é escasso. Além disso, percorrer o trajeto no menor tempo possível e sem erros de navegação é fundamental para garantir o menor desperdício energético e não comprometer a reprodução.[89]

Modificações metabólicas e possivelmente bioenergéticas pelo estresse desencadeado por fatores ambientais podem, de fato, interferir na reprodução.[90] A magnitude desse efeito vai depender se a energia disponível no ambiente é suficiente para atender a demanda do organismo e suprimir a carga desencadeada pelo estresse, ou se este for suficiente para superar a energia disponível e comprometer a funcionalidade do organismo. Outro fator interveniente é a demanda metabólica elevada para manter as funções vitais, no caso de estresse exacerbado desencadeado pela presença constante de um predador, ou ainda instauração de doenças ou desequilíbrio interno provocado por qualquer fator que desencadeie estresse acima do normal.

A importância da disponibilidade energética para a reprodução é verificada na tentativa atual de se modificar o conceito de *fitness*, que sempre esteve relacionado conceitualmente com taxa reprodutiva na teoria das espécies de Darwin. De fato, como não conhecemos um valor numérico adequado de descendentes a ser gerado, hoje *fitness* se relaciona mais com a possibilidade ou capacidade de o organismo alocar energia eficientemente para esse propósito, e qualquer situação que o exponha ao estresse e diminua a eficiência bioenergética pode prejudicar a reprodução.[90] Existem evidências de que o exercício físico intenso diminui a eficiência bioenergética, podendo, dessa forma, afetar negativamente a reprodução humana.[91,92]

No caso de exercício físico e *fitness*, não existe consenso definidor do termo. De fato, segundo Kilgore e Rippetoe,[93] esse não é um conceito maldefinido somente por profissionais do exercício físico, porque o mesmo problema também aparece na Medicina. Uma definição bastante criticada pelos autores é a seguinte: "capacidade para executar as tarefas diariamente com vigor e atenção, sem que ocorra fadiga, e com amplo estoque de energia para que as atividades envolvendo lazer não promovam emergências desagradáveis". A definição é criticada porque é difícil, se não impossível, saber o que vem a ser vigor físico. Além disso, qualquer tipo de atividade física se insere na definição. A definição sugerida pelos autores é a seguinte: "possuir adequado nível de força, *endurance* e mobilidade para participar com sucesso de atividades ocupacionais, recreativas, cumprir com as obrigações familiares, e que estejam de acordo com as características fenotípicas humanas".

Outros exemplos de importância da eficiência bioenergética envolvem animais que tentam abater suas presas em ambiente hostil. Dependendo destes, podem existir duas estratégias para tanto:

- de uma maneira geral, podem existir aqueles que são pacientes e espreitam a presa até que esta possa ser surpreendida;
- aqueles que partem para o ataque de maneira avassaladora.

Os guepardos pertencem ao segundo grupo. Em razão da perda na eficiência bioenergética, ao elevarem a velocidade das transformações de substratos em seus organismos nessa condição, ocorre, como consequência, grande elevação na temperatura corpórea e exposição aos riscos iminentes de se transformarem em presas fáceis para seus predadores (hienas), que os espreitam e andam sempre em bando. Hienas, portanto, são animais que pertencem ao primeiro grupo.

A importância da eficiência bioenergética para humanos durante a locomoção pode ser verificada em estudos antropológicos. Por exemplo, a eficiência mecânica de *Australopitecus afarensis* foi sugerida como sendo similar à de humanos modernos, porque já apresentavam diminuição na quantidade de pelos do corpo e, possivelmente, o desenvolvimento de glândulas sudoríparas para facilitar a eliminação do calor armazenado em razão do escaldante território africano que habitavam.[94] Além disso, há indícios de adoção da postura ereta por esses descendentes humanos em virtude da diminuição de alguns ossos dos membros inferiores com o concomitante aumento do tamanho do fêmur e a remodelação da cintura pélvica. Essas alterações estruturais contribuíram para a elevação progressiva no melhor aproveitamento energético durante a locomoção nos *australopitecínios*, segundo os estudiosos.

Ressaltamos que quando humanos e outros primatas correm, o custo energético é aproximadamente duas vezes relativamente ao de outros mamíferos, mas sua caminhada é tão eficiente quanto a de animais quadrúpedes. De fato, utilizando medidas de consumo de oxigênio (mL de O_2) por unidade de peso corporal em gramas (g) por unidade de distância percorrida em quilômetros ou metros, constatou-se que a eficiência do bipedalismo humano em relação a mamíferos quadrúpedes em geral e comparando com chimpanzés em particular depende muito da velocidade do deslocamento. Na velocidade máxima de corrida, o bipedalismo humano é duas vezes mais dispendioso do que o estimado para animais quadrúpedes com massa corporal similar. Contudo, na velocidade média de caminhada em torno de 4,5 km/h, o bipedalismo humano é mais eficiente que a quadrupedia nessa mesma velocidade.

Registros fósseis demonstram a possibilidade de o bipedalismo ou postura ereta ter sido adotada pelos ancestrais humanos por volta de 3,5 a 4 milhões de anos. Paleoantropólogos concordam que humanos são inferiores em velocidade e agilidade comparativamente aos animais quadrúpedes. Argumentam sobre isso afirmando que o bipedalismo é muito raro entre os animais, talvez por ser uma maneira ineficiente de locomoção, mas afirmam que, se esse tipo de locomoção evoluiu, deve ter sido por alguma outra razão, por exemplo, a manipulação em virtude da liberação dos membros superiores.[95]

Comparado com vários animais, como o guepardo, os antílopes e vários macacos, a pouca velocidade de humanos significa impossibilidade de escapar de predadores quadrúpedes por meio da corrida. Outra razão para a evolução do bipedalismo, mesmo que realizado em ritmo lento, é porque tem importância em atividades prolongadas.[96] De fato, humanos, ao longo de sua história, sempre utilizaram a caminhada ou a corrida para distribuir mensagens, como os gregos (festival panatináico) e o povo inca (condução de mensagens através do império utilizando homens no seu revezamento), índios norte-americanos e aqueles que habitavam o norte do México os quais realizavam jogos com bola percorrendo longas distâncias de até 300 km com duração de até dois dias. O jogo consistia em chutar e recuperar uma bola feita na época. Jogos maias (*ulama*) realizados com bola no período pré-hispânico em que não se permitia o uso das mãos e dos pés podiam durar até duas semanas. Em função do exposto, pode-se dizer que o homem está estruturado para o bipedalismo e para atividades físicas prolongadas realizadas em ritmo relativamente lento.

Organismos possuem, portanto, duas escolhas em termos evolutivos ou de sobrevivência em ambiente hostil quanto à disponibilidade de energia e seu uso: não acelerar a produção bioenergética para serem mais eficientes, mas expondo-se aos riscos de serem abatidos, ou serem mais rápidos e menos eficientes, mas com melhores perspectivas de sobrevivência mesmo correndo o risco de prejudicarem com isso a sobrevivência da espécie em termos reprodutivos.[97,98] Em contrapartida, postula-se que a exposição moderada a agentes estressantes ajustaria o organismo para suportar a sobrecarga e impedir grandes variações fisiológicas. Fundamental nessa argumentação é o conceito de *steady state*, que se relaciona com a indicação de que, em determinado momento de atividade continuamente executada, constata-se certo equilíbrio dinâmico entre a

É curioso observar algumas academias de ginástica denominadas "centro de fitness". Deve ser porque as pessoas que frequentam esse espaço têm algum problema reprodutor ou algo que prejudique a evolução das espécies.

produção e a demanda energética imposta. Argumenta-se a favor desse conceito utilizando como parâmetro medidas de VO_2 e VCO_2.

É conhecido que em *steady state* a produção de ATP (trifosfato de adenosina ou adenosina trifosfato) mitocondrial se aproxima dos valores necessitados pela célula e que demonstra alta eficiência em controlar seus processos de síntese em uma alta amplitude de variação na demanda. Além disso, a fosforilação oxidativa é mais eficiente em baixa quantidade de O_2 em comparação ao ar saturado, indicado por altos valores de fluxo de ADP (difosfato de adenosina ou adenosina difosfato) em relação ao fluxo total de O_2 em idêntica velocidade de síntese de ATP. Além disso, em baixa quantidade de O_2 o vazamento de prótons e desacoplamento na respiração são suprimidos, reduzindo o gasto basal de energia.[66]

Duas possibilidades teóricas que explicariam a possível maior eficiência bioenergética com metabolismo em *steady state* são a teoria da hormese e a lei da entropia mínima de Prigogine. Isso quer dizer que a melhor estratégia a ser adotada na execução de determinada atividade física, como a corrida ou o voo de aves migratórias, é a da manutenção de ritmo constante na intensidade adotada.[89] Entretanto, sistemas vivos apresentam-se com metabolismo celular em desequilíbrio e distante da linearidade entre consumo e produção energética, o que significa que organismos podem não obedecer a essas leis em termos bioenergéticos.[99-102] Além disso, não existe equilíbrio entre produção de energia, consumo de oxigênio e produção de dióxido de carbono, já que existem evidências de que o aporte de oxigênio pelo sistema cardiovascular e respiratório atende somente 60%-80% das necessidades periféricas musculares.[58]

Outro problema com a adoção dessas teorias na utilização do *steady state* como parâmetro no controle da intensidade do esforço físico é o aumento no desperdício energético com a sustentação do exercício por longo tempo. De fato, Krusthrup et al.[103] demonstraram que na atividade física prolongada, mesmo mantendo-se a intensidade do exercício, há redução progressiva no aproveitamento da energia liberada. Além disso, verificaram que a atividade física prolongada é menos eficiente que a de curta duração. Noakes[12] ressalta que, normalmente, corredores de longas distâncias, como os quenianos, relativamente

A atividade física prolongada parece ser menos eficiente do que a de curta duração quando realizada em alta intensidade aos caucasianos, são menores na estatura e no peso. Segundo o autor, isso facilita menor produção de calor e maior comodidade na sua eliminação. Além disso, é bem-conhecido que, comparativamente a corredores caucasianos, quenianos demonstram maior economia de corrida, com a possibilidade decorrente de menor produção de calor.*

Tomando por base essas afirmações, pode-se dizer que sistemas abertos como o organismo apresentam em sua totalidade distância significativa do equilíbrio ou *steady state*. Ou seja, mesmo que se perceba a existência no metabolismo celular de reações enzimáticas reversíveis ou processos fisiológicos próximos da estabilidade, esses processos são caracterizados em suas totalidades pela irreversibilidade decorrente:

- da perda constante de energia na forma de calor previamente descrita;
- da grande barreira energética existente em reações catalisadas por enzimas que são controladoras de fluxo metabólico intracelular;
- do gradiente bioenergético positivo existente entre o meio ambiente e o organismo.

* Estudos sobre as propriedades de superfícies (S) e volumes (V) de corpos regulares ou não revelaram que S é função quadrática do raio (r). Se o raio crescer de um fator 2, 3 etc., a superfície respectiva aumentará de um fator 4, 9 etc. O volume V é função cúbica de r. Então, se o raio for duplicado, o volume aumentará de um fator de 8. Ou seja, para uma célula hipotética nessas condições, quando esta cresce, seu volume aumenta mais rápido que sua superfície. Inversamente, quanto menor for a célula, a superfície será relativamente maior. Se admitirmos uma célula que cresce em função do desenvolvimento ou de hipertrofia e várias propriedades físico-químicas que permaneçam inalteradas, então, o fluxo de substâncias químicas, tais como lactato, glicose, ácidos graxos, CO_2 e O_2 através da superfície aumenta mais lentamente do que a capacidade metabólica da célula a qual é proporcional ao volume. Portanto, o balanceamento entre o fluxo através da superfície e o metabolismo interno só é possível para uma célula que não seja nem grande nem muito pequena. Embora células de animais e plantas não sejam esferas perfeitas, o mesmo raciocínio se aplica. Portanto, brânquias, pulmões, intestinos, rins ou qualquer tecido envolvido com transporte são adaptações para aumento de superfície de modo que estimulem a difusão de moléculas ou a absorção de energia, no caso de plantas. Todas essas adaptações são apropriadas, desde que o tamanho do corpo permaneça dentro de certos limites. Organismos maiores, portanto, possuem problemas quanto à incorporação rápida de substâncias destinadas às suas recuperações ou eliminação de produtos tóxicos do metabolismo celular. Essas informações demonstram a importância de o organismo ser treinado de forma que não prejudique processos de trocas e difusões de substâncias importantes para a funcionalidade metabólica. Portanto, supercompensação pode, dependendo do grau de hipertrofia muscular ou celular, prejudicar a funcionalidade metabólica. Para compensar essas dificuldades, organismos maiores, para sobreviver em termos evolutivos, tornaram-se mais eficientes em termos bioenergéticos.

Outro fato envolvido é a ineficiência presente em todas as transformações bioquímicas inerentes ao metabolismo celular, fazendo o organismo consumir substratos frequentemente de seu meio ambiente. Como afirmado por Ricordati e Bellini,[104] "no mundo real ou biológico não existem processos reversíveis". Portanto, em termos bioenergéticos, não existe *steady state*.

Processos reversíveis caracterizam sistemas que se encontram no equilíbrio, que têm, por definição, invariância de parâmetros na unidade de tempo. Em um sistema em *steady state*, energia e/ou matéria entram e saem do sistema na mesma velocidade. Ou seja, no *steady state*, os parâmetros de um sistema não mudam com o tempo. Sua manutenção requer um contínuo oferecimento de energia. Se essa fonte for removida e o sistema atingir o equilíbrio, ocorrerá morte. Contudo, a ineficiência bioenergética inerente aos sistemas biológicos e os demais argumentos já apresentados garantem a sua distância do equilíbrio ou *steady state*. Além disso, em termos bioenergéticos, sistemas biológicos se encontrarão em equilíbrio se as reações bioquímicas apresentarem $\Delta G = 0$ (energia livre de Gibbs). Contudo, sistemas biológicos sempre apresentam ΔG negativo.

Energia livre significa energia útil (transformada em atividade ou trabalho). Seu valor é sempre menor do que o da energia total presente em substratos. Nesse caso, para receberem ou terem condições de gerar energia livre e produzirem ATP, sistemas biológicos apresentam gradiente de concentração ou de energia em relação ao seu meio ambiente. Quando o valor do gradiente é igual a zero, não há como o sistema gerar energia livre, realizar trabalho e manter partes vitais que dependam de energia. Processos como a biossíntese possuem ΔG positivo, significando que há necessidade de fornecimento de energia para que se efetivem, assim como transporte ativo ou a própria contração muscular. Em geral, processos que dependem de energia são conhecidos por endotérmicos. Contudo, processos naturais são na sua totalidade exotérmicos e possuem valor negativo para o ΔG. Por exemplo, a via glicolítica libera mais energia do que o que é aproveitado na síntese de ATP, o mesmo ocorrendo na fosforilação oxidativa.

A mensuração da eficiência bioenergética durante a execução de movimento é normalmente realizada de forma indireta. Mogensen et al.[105] sugeri-

DEFINIÇÃO DE ΔG (ENERGIA LIVRE DE GIBBS)

$\Delta G = \Delta H - T\Delta S$

G = energia livre: energia capaz de realizar trabalho durante uma reação a T e P constante. Se a reação libera energia livre, ΔG = (-), exergônico; se ganha energia livre, ΔG = (+), endergônico.

H = entalpia: conteúdo de calor de um sistema de reação; reflete o número e o tipo de ligações nos reagentes e produtos. H reg > H prod: ΔH = (-) exotérmico; H reg < H prod: ΔH = (+) endotérmico

S = entropia: expressão quantitativa para desordem e caos: Se os produtos são menos complexos e mais desordenados: ganho de entropia, ΔS = (+).

ram três possibilidades, denominadas eficiência grosseira, eficiência de trabalho e eficiência delta. Eficiência grosseira, também conhecida como economia de energia, é definida pela razão entre trabalho e energia liberada multiplicada por cem. Essa forma de medir eficiência é criticada porque não leva em conta a energia utilizada pelo organismo em processos não relacionados diretamente com trabalho físico, como o metabolismo basal. Isso é corrigido com a sugestão da eficiência de trabalho, que é definida pela razão entre potência gerada e energia liberada, multiplicada por cem. Nessa definição, sugere-se que a energia liberada seja corrigida utilizando valores do intercepto no eixo y na relação entre potência e eficiência geradas.

Na definição de eficiência delta, a relação envolve a média dos valores do trabalho executado e a média da energia liberada, porque os valores são obtidos por meio da execução de várias séries de exercício, ao contrário da definição anterior, multiplicada por cem. Os valores obtidos são submetidos à regressão linear. Apesar de alguns pesquisadores considerarem essa forma de análise da eficiência energética a mais correta, Mogensen et al.[105] não a recomendam como medida única dessa variável.

- *Eficiência grosseira*: potência gerada (P) / potência metabólica (PM) x 100.
- *Eficiência líquida*: [P/PM pedalando – PM repouso)] x 100.
- *Eficiência de trabalho*: [P/ (PM pedalando com carga – PM sem carga)] x 100.
- *Eficiência delta*: [(P2-P1)/PM2 – PM1)] x 100.

Quando o sistema de reação não está em equilíbrio, a tendência a se mover em direção a ele representa uma força, cuja magnitude pode ser expressa como a variação de energia livre para a reação com $\Delta G = 0$.

Quando se fala em economia ou eficiência nessas formas de avaliações do aproveitamento bioenergético durante o exercício físico, salienta-se com isso quanto de energia é colocado à disposição do organismo, utilizando como referência o consumo de oxigênio. Para determinar quanto um organismo é mais econômico, determina-se o VO_2máx (consumo máximo de oxigênio) e comparam-se indivíduos quanto ao desempenho relativo ao percentual de consumo utilizado durante o evento.

Utilizando esse procedimento, pesquisadores da alometria determinaram que animais de grande porte possuem maior eficiência bioenergética e metabólica.[9] De fato, segundo Schmidt-Nielsen,[98]

> o custo de correr diminui de forma bastante regular à medida que o tamanho corpóreo aumenta. O significado dessa relação, para o mamífero que corre, é relativamente menos dispendioso em termos metabólicos e, portanto, uma vantagem, ser de maior tamanho.

O trabalho foi realizado avaliando o consumo de oxigênio por metro percorrido pelo animal. Outros experimentos foram realizados com equinos e revelaram que, quando animais se exercitam em situação controlada, mas livres para desempenharem o esforço físico, estes sempre escolhem o ritmo mais econômico.

Esse autor não descreve em que tipo de exercício o aumento da massa corporal propiciaria maior eficiência, mas relatamos anteriormente os trabalhos de Krustrup et al.,[103] que mostraram que a atividade física prolongada e moderada é menos eficiente que a de curta duração. Além disso, sabemos que a maior massa muscular favorece a força e a potência anaeróbia, o contrário ocorrendo com a potência aeróbia. Portanto, o tamanho elevado de animais deve favorecer atividades de curta duração realizadas em alta intensidade. Além disso, a própria quantidade de fibras vermelhas e suas respectivas capacidades oxidantes relacionam-se inversamente com eficiência. Nesse estudo, os autores utilizaram determinação direta do uso bioenergético, com sensores de temperatura inseridos na circulação sanguínea muscular. Com isso, foram capazes de determinar que o valor do calor liberado para o sangue próximo ao tecido muscular é maior na atividade física prolongada relativamente à de curta duração.

Os mesmos autores puderam determinar que a eficiência mecânica no ciclismo não se relaciona com a determinada dentro da mitocôndria, tanto no consumo de oxigênio intenso quanto no moderado. Esse tipo de eficiência é geralmente medido como a razão P/O no estado três mitocondrial, em que se tem máxima estimulação pelo ADP.[106] Outro dado obtido pelo grupo é o de que o estado de treinamento não afeta a eficiência mitocondrial mesmo na velocidade de respiração submáxima, mas pode ser reduzida no exercício físico submáximo. Portanto, a eficiência mitocondrial e possivelmente a eficiência grosseira medida pela eficiência de trabalho podem ser menores na atividade física moderada prolongada.

Medidas indiretas da eficiência bioenergética e do custo metabólico também foram realizadas pelo grupo de Billat et al.[107] e mostraram que a estratégia de velocidade variada parece exercer menor estresse ao organismo. Em seus estudos, o grupo encontrou utilização de menor percentual de consumo de oxigênio e menor produção de lactato na estratégia variada, em que se manteve a mesma quantidade de esforço físico relativamente ao exercício contínuo. Contudo, seus resultados podem ser criticados tomando por base o fato de que a eficiência grosseira medida com base no consumo de oxigênio não garante que a eficiência bioenergética esteja, de fato, sendo quantificada por esse procedimento.

Outra crítica diz respeito à mensuração do lactato no repouso, que pode ser metabolizado rapidamente, dependendo da capacidade oxidante de tecidos periféricos. Além disso, a atividade física variada ou intermitente promove menor ativação da via glicolítica e, consequentemente, menor formação de lactato. Isso ocorre porque a atividade física com essas características relativamente à realizada em ritmo constante eleva a atividade da enzima piruvato desidrogenase e o consumo intramitocondrial de piruvato de forma mais pronunciada, que é o substrato da lactato desidrogenase.[108]

9 Energia e eficiência bioenergética

Eficiência bioenergética tem sido descrita como a relação entre trabalho (T) realizado e energia consumida para tanto. Formalmente, energia, nesse caso, relaciona-se com entalpia (-H) ou a razão entre T e T + calor. Nessa definição, durante a transformação de uma forma de energia em outra, a energia total continua a mesma. Este é o princípio da conservação de energia, postulado no século XIX, e que se aplica aos sistemas isolados (Primeira Lei da Termodinâmica), mas não aos organismos que são sistemas abertos e sob influência da Segunda Lei da Termodinâmica. Nesse caso, organismos são também definidos como sistemas dissipativos.

Em função disso, sugeriu-se que essas relações fossem modificadas para $T/\Delta G$. Assim, eficiência refere-se à relação entre energia livre (útil) e quantidade de trabalho realizado. Contudo, mesmo essa expressão sofreu críticas porque parte da energia livre também é perdida durante as transformações de substratos ou de ATP (trifosfato de adenosina ou adenosina trifosfato). Ou seja, não há no organismo qualquer possibilidade de utilização da energia disponível sem perdas, levando-nos a pensar que nem toda energia útil pode ser totalmente utilizada.

Tal fato levou à sugestão, na década de 1950, de se considerar a energia realmente utilizada pelo organismo por exergia, em que o proponente atestou que sua quantidade sempre tende a diminuir. Energia não deve ser entendida, portanto, como capacidade de trabalho, pois seu próprio significado é o de movimento ou capacidade para movimento, não necessariamente de trabalho. Exergia sim deve ser relacionada com trabalho, isto é, movimento organizado, ou capacidade de trabalho. O termo foi criado por Zoran Rant (1904-1972), partindo da palavra grega *ex* (externo) e *ergos* (trabalho).[63,64]

Para ele, um universo com energia em completo equilíbrio não possui exergia, sem contraste, sem diferenças, sem padrões e sem estrutura. Sem tempo porque nada muda, já que energia é sempre conservada. Assim, se a exergia fosse conservada, tudo retornaria à origem, e a mudança seria reversível. Nesse caso, pode-se falar em um sistema 100% eficiente, conhecido como ciclo de Carnot. Tempo, nesse universo, não possui direção ou sentido, mas, naquele em que a exergia existe, esta cria a existência, estruturas, e sua destruição, o sentido das coisas, o próprio tempo; ou seja, a irreversibilidade. A exergia destruída foi denominada por anergia. Portanto, a expressão que define energia é: *energia = exergia + anergia*. O conceito de exergia é mais um fator a ser acrescentado como argumento contra a noção de *steady state* presente em considerações fisiológicas sobre o organismo humano em situação de exercício físico, previamente questionada.

Segundo a proposição de Zoran Rant, exergia:

- relaciona-se com a medida da qualidade da energia;
- sua capacidade ou qualidade em realizar trabalho é reduzida durante processos termodinâmicos macroscópicos;
- é função do gradiente existente entre o sistema e o meio ambiente;
- quanto maior a exergia, maior a distância do equilíbrio;
- o gradiente de exergia é constantemente degradado irreversivelmente para a construção e a manutenção da organização, com consequente eliminação de entropia;
- um sistema dissipativo afastado do equilíbrio torna-se organizado em virtude da utilização de exergia;

- em desequilíbrio, o sistema utiliza mais exergia, constrói mais estrutura;
- torna-se mais complexo e, portanto, mais eficiente, o contrário ocorrendo com a perda de complexidade.

Gasto energético obrigatório: metabolismo basal

- Manutenção do gradiente iônico das membranas.
- Transporte ativo.
- Reações basais de síntese.
- Reparo ou renovação celular.
- Vazamento mitocondrial de prótons.
- Digestão, absorção e metabolismo de nutrientes.

Gasto facultativo

- Lactação.
- Gestação.
- Crescimento/desenvolvimento.
- Termogênese induzida pela alimentação.
- Termogênese pelo calafrio.
- Termogênese sem calafrio.
    - (i) Termogênese no tecido adiposo marrom.
- Exercício físico.

O sistema torna-se, contudo, progressivamente mais resistente ao afastamento do equilíbrio na medida em que se torna mais complexo, o que pode ser exemplificado no aparecimento da barreira de desempenho físico. Nessa situação, organismos são incapazes de realizar as funções previamente citadas, o que é sinônimo de estagnação e queda na eficiência bioenergética. Portanto, mesmo que aparentemente contraditório, o TFE (treinamento físico-esportivo) pode promover, em longo prazo, queda na eficiência bioenergética do organismo, assim como reduzir o aproveitamento energético durante a realização da tarefa, levando à estagnação do DFE (desempenho físico-esportivo). Há indícios, também, de que o envelhecimento propicia queda na utilização da exergia e, portanto, diminui a eficiência bioenergética em função da perda em sua complexidade. Além disso, certos fatores do ambiente que induzem estresse podem tornar a exergia ainda menor.[102,109,110]

Para o TFE, portanto, a noção de exergia deve ser vista como o fator qualitativo mais importante a ser objetivado, porque não basta elevar os estoques de energia do organismo dessa forma ou com a dieta de supercompensação, nem objetivar a hipertrofia muscular se o organismo não consegue utilizar com eficiência maior a energia disponível resultante desses procedimentos. Os seguintes aspectos devem ser levados em conta quanto a essa afirmação:

- é possível, em termos quantitativos, a ocorrência de queda no DFE, manifesta por meio da fadiga, mesmo com o organismo possuindo substratos energéticos suficientes para sustentar o esforço físico;
- a energia potencial total disponível ao organismo na forma de lipídios não é exaurida em função do exercício físico;
- queda no DFE em situação de *overtraining*, mesmo havendo no organismo substratos energéticos em quantidades suficientes para realizar o exercício físico intenso;
- experimentos com tecidos ou fibras musculares isoladas utilizando estimulantes da contração induzem sua ocorrência em tecidos previamente fatigados, mostrando que *deficit* energético não é seu fator causador primário.

Mecanismos da ineficiência no acoplamento energético

- *Hidrólise do ATP sem trabalho*: ciclos fúteis.
- *Estado mitocondrial 4*: mesmo na presença de substratos oxidáveis, a mitocôndria consome pouco O_2 em baixas [ADP (difosfato de adenosina ou adenosina difosfato)] – (eficiência = zero).
- *Estado mitocondrial 3*: na presença de ADP, a respiração torna-se rápida em razão da síntese de ATP.

Uma questão importante a ser respondida pela Bioenergética aplicada ao TFE é a que relaciona a possível elevação na eficiência energética do organismo previamente à estagnação do desempenho, principalmente nas fases 1 e 2 que antecedem a sua ocorrência. Segundo a definição de exergia descrita anteriormente, existe a possibilidade de resposta positiva para essa indagação. Mas não se deve esquecer que, em qualquer tipo de esforço físico executado agudamente, a eficiência energética sempre declina. Poderíamos falar, nesse caso, em ocorrência de menor velocidade no desperdício, e não de queda em seu valor absoluto.

Estudos realizados com mitocôndrias retiradas de músculos de sedentários ou treinados em exercícios prolongados também podem ser utilizados como argumento contra a visão quantitativa do TFE e da dieta de supercompensação. Os resultados desses estudos revelaram que a funcionalidade do ciclo de Krebs (vTCA – velocidade do ciclo de Krebs) está elevada no repouso, mas a velocidade de síntese de ATP (vATP) encontra-se inalterada.[111] Verificaram ainda que a razão vATP/vTCA (indicador de acoplamento mitocondrial) está significativamente reduzida em mitocôndrias de indivíduos treinados relativamente aos sedentários no repouso, significando que há elevação no desacoplamento mitocondrial com o TFE. Ou seja, o poder redutor elevado dentro da mitocôndria em razão do treinamento físico não é totalmente aproveitado na síntese de ATP.

Esses dados contrariam argumentos derivados de pesquisas que enfatizam elevação na oferta de substratos como fator limitante do DFE. Nesse tipo de pesquisa, nota-se a frequente preocupação em abastecer de forma anaplerótica os intermediários do ciclo de Krebs, principalmente o oxaloacetato.[112] Segundo esses pesquisadores, como o ciclo de Krebs tem por substrato limitante de sua velocidade essa molécula, este deveria ser abastecido constantemente por meio do consumo de substratos que elevem suas concentrações intramitocondriais. Contudo, Gibala[113] e seu grupo demonstraram que o exercício físico eleva a concentração dos intermediários do ciclo de Krebs e que isso não afeta o DFE, e o TFE atenua essa ocorrência. Concluíram que, após o TFE, a *endurance* não é afetada por modificações nos intermediários do ciclo de Krebs.

No trabalho previamente citado, também foi verificado que o treinamento físico não afeta o custo de O_2 nem as necessidades energéticas da contração muscular, significando que a demanda energética de sedentários ou treinados em *endurance* é similar. Foi também verificado que a queda na eficiência energética com esse tipo de treinamento não se relaciona com elevação na capacidade oxidante. Em outro trabalho, a velocidade de síntese de ATP por fluxo no ciclo de Krebs, medido por $_P$NMR, demonstrou ser maior em camundongos sem UCP3 (proteína desacopladora de mitocôndrias), indicando 2-4 vezes mais acoplamento da cadeia respiratória nesse estudo. Portanto, é possível que o desacoplamento no experimento anterior seja resultado de maior ativação de UCP3 pelo TFE.[114]

Tipos de vazamento de prótons

- Basal
  Será maior quanto maior for a velocidade do metabolismo e se relaciona com o transporte de ATP mitocondrial (translocase de nucleotídeos de adenina).

- Induzido
  Translocase de nucleotídeos
  Proteínas desacopladoras específicas (UCP-1, UCP-2 e UCP-3)

Isso é controverso, pois há relatos de queda na atividade dessa proteína nessa condição.[115] De fato, uma possibilidade cogitada quanto ao melhor aproveitamento da energia do gradiente de prótons mitocondrial na formação de ATP, tornando o desperdício energético menor durante o exercício físico prolongado, é a queda na atividade de UCP-3 em músculos esqueléticos com o treinamento nesse tipo de atividade física. Contudo, a quantidade mitocondrial elevada pelo TFE com atividades físicas prolongadas pode propiciar ao tecido muscular grande teor em mitocôndrias nesse tecido e, como consequência, grande número de UCP3. Mas a possível queda em UCP3 muscular com essa forma de treinamento pode ser prejudicial à proteção antioxidante em mitocôndrias do tecido muscular.[79] Nesse caso, o menor desperdício energético durante o exercício pode resultar em maior formação de EROs (espécies reativas de oxigênio). De fato, o aumento no metabolismo basal correlaciona-se com elevação na expressão das proteínas UCP-2 e UCP-3, resultando na prevenção da formação de EROs na membrana mitocondrial interna por interferir na magnitude do potencial elétrico dessa membrana.[91,116]

Outros estudos mostram que proteínas UCP-3 são elevadas na musculatura esquelética pelo exercício físico intenso prolongado.[117] Nessa condição, verificou-se que a razão ADP/O_2 e atividade de ATP sintase estavam menores após 3 horas de exercício, enquanto a força próton motriz e o malondialdeído mitocondrial não se modificaram. As UCP-3 elevadas podem, portanto, contribuir dessa forma na redução da formação de EROs intramitocondrial em razão do seu efeito na manutenção ou na queda na força próton motriz, mantendo ou reduzindo o potencial eletroquímico de membrana. O resultado é queda na eficiência bioenergética em virtude do aumento no desacoplamento mitocondrial e na queda do controle respiratório (ADP/O_2). Portanto, queda na eficiência bioenergética mitocondrial pode significar efeito protetor antioxidante para essa organela.[106]

Alguns estudos recentes procuram entender os fatores possivelmente interferentes na eficiência bioenergética durante o exercício físico:[118-124]

- tipo de treinamento;
- intensidade do exercício físico;
- tipo de contração muscular (existe queda na eficiência metabólica na ação muscular, dependendo do tipo de contração: isométrica > excêntrica > concêntrica);
- frequência de contração;
- temperatura;
- dieta;
- composição química da membrana mitocondrial;
- presença, nas mitocôndrias, de UCPs (proteínas desacopladoras da cadeia respiratória);
- tamanho e tipo físico relativo à atividade metabólica;

- tipos de fibras musculares;
- fadiga;
- complexidade estrutural e funcional das vias metabólicas;
- associação de enzimas a estruturas intracelulares;
- tipos diferentes de mitocôndrias;
- papel da leptina;
- composição corporal;
- altitude.

Há também indícios de que animais heterozigotos são mais eficientes que homozigotos e de que a restrição calórica torna o organismo mais eficiente.[97] Outros fatores incluem o uso da quadrupedia e da bipedia e a estratégia de velocidade adotada como ritmo de corrida ou no ciclismo, já comentados.[98,125] Salientamos que grande parte desses trabalhos, por utilizar eficiência grosseira, baseada em consumo de oxigênio, que os resultados não se relacionam diretamente com eficiência bioenergética.

Outro fato importante diz respeito ao efeito da massa corporal maior sobre processos metabólicos importantes na produção energética durante a execução do exercício físico.[122] Por exemplo, em vários órgãos, a capacidade de canais iônicos de membranas celulares representados pela atividade de Na+K+-ATPase e Ca-ATPase declina com o aumento na massa corporal, assim como a velocidade de síntese proteica. Enzimas da via glicolítica elevam suas atividades em peixes e mamíferos com o aumento na massa corporal, enquanto a capacidade aeróbia declina. Densidade mitocondrial e a superfície ocupada por suas cristas declinam com o aumento na massa corporal no cérebro, no fígado, nos rins, no coração e no músculo esquelético.

Hormônios tireoidianos

- Elevam o dispêndio energético, reduzindo a eficiência metabólica.
- T2 liga-se a citocromo oxidase e abole a inibição alostérica do ATP.
- Eleva o desacoplamento da cadeia respiratória.

- Aumento do metabolismo basal correlaciona-se com elevação na expressão das UCP-2 e UCP-3, resultando na prevenção da formação de EROs com grande potencial elétrico de membrana (transporte eletrogênico).

Tanto em mamíferos como em pássaros, a formação do gradiente de prótons através da membrana mitocondrial é reduzida com o aumento da massa corporal. Portanto, com o aumento na massa corporal, nota-se declínio no tamanho relativo de tecidos metabolicamente ativos e, no interior desses órgãos, constata-se queda na capacidade para gerar ou consumir ATP. Uma vez que a mitocôndria produz EROs em maior quantidade em uma velocidade metabólica menor, porque nessa condição o potencial da membrana mitocondrial interna encontra-se elevado, a menor quantidade de mitocôndrias no tecido de grandes animais provavelmente possa minimizar sua produção e elevar a eficiência bioenergética. De fato, se um elefante possuísse no músculo esquelético a mesma quantidade de mitocôndrias que a de um rato, estas precisariam respirar próximo ao estado 4, que exacerba a produção de EROs. Dessa forma, alguns autores concluíram que a menor quantidade de mitocôndrias em animais maiores é uma estratégia para a vida longa, em vez do tamanho maior.[126] Nesse caso, foi verificado que camundongos possuem grande atividade metabólica e alto desacoplamento nessa organela, em paralelo ao maior tempo de sobrevida. Isso mostra que alta ineficiência bioenergética pode ter sido selecionada por favorecer o maior tempo de vida em ambiente altamente oxidante em razão do elevado teor de mitocôndrias.[129]

A relação alométrica é expressa como $y = cM^b$ em que M é a massa corporal e o expoente b é o coeficiente escalar. Como a relação entre massa corporal e metabolismo basal não é linear, o coeficiente angular é estimado empiricamente por meio de *plot* log-log dessas duas variáveis. Esse *plot* é utilizado porque a equação citada retrata uma lei de potência (se as grandezas são Y e M, plota-se log(Y) contra log(M), em vez de Y contra M). De fato, suponhamos que Y = cMb, então log(Y) = b log(M) + uma constante. Assim, o gráfico log(Y) contra log(M) é uma reta, tendo como derivada (inclinação, tangente) o expoente b. Podemos determinar o expoente b através da derivada da reta: b = Δlog(Y)/Δlog(M). Por exemplo, a taxa de batimentos cardíacos de um beija-flor é muito maior do que a de uma baleia, que é aproximadamente proporcional à massa do animal elevado a -1/4.

Mitocôndria muscular exibe valor negativo para o expoente em animais maiores, confirmando que esses animais são menos oxidativos e mais glicolíticos anaeróbios.[121,122] Possuem expoente positivo no último caso. Em geral, mamíferos maiores exibem coeficiente positivo para enzimas glicolíticas e negativo para enzimas mitocondriais, confirmando a tendência dos animais maiores à maior eficiência bioenergética em termos evolutivos. Duas questões a serem respondidas em termos evolutivos são: Por que as espécies evoluíram para a vida em aerobiose se esta é menos eficiente em termos bioenergéticos e gera maiores danos intracelulares? Seria possível que o aumento no conteúdo e na funcionalidade de mitocôndrias musculares e suas superfícies internas, em razão do TFE com exercícios prolongados, pudesse exacerbar danos oxidativos por EROs nessa condição e reduzir a eficiência bioenergética? As respostas disponíveis para essas questões são normalmente quantitativas, enfatizando que mais energia é extraída de nutrientes e utilizada para a síntese de ATP em condições aeróbias. Por exemplo, a glicólise anaeróbia produz somente duas moléculas de ATP em termos líquidos, enquanto sua oxidação completa fornece de 36 a 38 ATP.

Em termos qualitativos, ou seja, sob o ponto de vista bioenergético, elevar o número de mitocôndrias no organismo pode ser prejudicial por dois motivos:

- maior formação de EROs;
- queda na eficiência bioenergética.

De fato, com mais mitocôndrias, há a possibilidade de que intermediários do sistema de transporte de elétrons encontrem-se em estado redox elevado, condição esta favorável à formação de EROs e maior desperdício de energia.

Essa hipótese se baseia em Barja.[126] Para esse pesquisador, dois fatores são fundamentais para a formação de EROs:

- potencial eletroquímico alto na membrana mitocondrial interna;
- grande presença de oxigênio.

No primeiro caso, para que o potencial eletroquímico esteja alto em mitocôndrias, há necessidade de fluxo elevado de elétrons em intermediários da cadeia respiratória e constante vazamento de prótons para espaço intermembranar. Quando isso acontece, há possibilidade do aproveitamento do potencial gerado para síntese de ATP com participação da ATP sintase. Parte do potencial que não é utilizado na síntese de ATP é dissipada, por exemplo, pelas UCP3, diminuindo a eficiência na produção de ATP. Quanto mais potencial for utilizado na produção de ATP, maior será a eficiência bioenergética. Portanto, queda na atividade de UCP3 pode significar maior eficiência bioenergética. Ou seja, menor eficiência induzida naturalmente ou por fatores bioquímicos significa menor produção intracelular de EROs.

Outra possibilidade de formação de EROs é o estado redox elevado dos intermediários do sistema de transporte de elétrons ocorrido no repouso. Em ambos os casos, oxigênio deve estar presente para facilitar o processo que envolve a fosforilação oxidativa, resultando em formação de água, ATP e EROs. A proposta do autor envolve a hipótese de que haveria poucas possibilidades de estresse oxidativo durante o exercício físico porque o oxigênio seria constantemente utilizado na formação de ATP, assim como o potencial eletroquímico gerado durante o fluxo de elétrons pela cadeia respiratória. Isso faz os intermediários da cadeia respiratória manterem-se em estado redox abaixo do necessário à formação de EROs. Já no repouso, haveria oxigênio suficiente para reagir unieletronicamente com elétrons da cadeia respiratória, que estariam em estado redox elevado, principalmente em virtude da elevação no potencial da membrana mitocondrial interna. Assim, e segundo essa proposta, nem sempre elevação no consumo de oxigênio durante o exercício físico está relacionada com estresse oxidativo.

Estresse oxidativo significa maior produção de EROs relativamente às defesas antioxidantes químicas e enzimáticas disponíveis. Pró-oxidantes como superóxido ($O_2^{\cdot}$), peróxido de hidrogênio (H_2O_2) e radical hidroxil ($^{\cdot}OH$) podem promover oxidações em biomoléculas e, caso as defesas antioxidantes estejam abaixo do normal, pode ocorrer o favorecimento de desenvolvimento de doenças ou exacerbação das já existentes.

Segundo Holloszy[127] e seu grupo, fibras musculares com maior quantidade mitocondrial possuem menor fluxo de elétrons por sistema de transporte (cadeia respiratória), tanto no repouso como durante o exercício físico. Portanto, o menor fluxo de elétrons decorrente pode exacerbar a produção de EROs intramitocondrial em atletas especialistas em provas de longa distância, principalmente no repouso, porque o menor fluxo de elétrons pode elevar o potencial de membrana e facilitar a formação dessas espécies químicas. Portanto, elevar o conteúdo mitocondrial em tecidos musculares pelo treinamento pode ter implicações negativas para o organismo, contrariando a tese de que esse tipo de prática exerce efeitos benéficos para a saúde.

- Espécies com alta taxa metabólica possuem grande insaturação membranar comparado com espécies com metabolismo lento que são mais monoinsaturados
- Queda no metabolismo com o aumento corporal resulta em diminuição na densidade da membrana mitocondrial interna.
- Ao se dobrar a massa corporal, ocorre queda em 12%-24% no conteúdo de DHA (ácido docosahexaenoico – n-3)
- O treinamento prolongado pode diminuir a atividade de UCP3.

Os autores do presente livro puderam verificar que corredores especialistas em corrida prolongada possuem, na urina, maior quantidade de produtos resultantes de lesão oxidativa eliminados durante, imediatamente após e no repouso, relativamente a atletas especialistas em atividades de corrida de curta duração. Também foi verificada maior quantidade de produtos de lesão oxidativa no sangue desses indivíduos nessa condição.[128]

Existem dados mostrando que mitocôndrias são diferentes quanto à sua eficiência, dependendo se são subsarcolemais ou intermiofibrilares ou se possuem diferentes quantidades de ácidos graxos em suas membranas internas.[130] Mitocôndria subsarcolemal exibe baixo grau de acoplamento e eficiência, comparada com as intermiofibrilares, podendo ser considerada menos eficiente na produção de ATP. Estudos comparando fígado, cérebro e miocárdio revelaram que o fígado possui a maior eficiência na produção de ATP por fosforilação oxidativa; o cérebro e o coração utilizam mais oxigênio e produzem ATP em maior velocidade.[131] Mitocôndrias de organismos submetidos à restrição calórica consomem menos oxigênio, possuem baixo potencial de membrana e produzem menos EROs mesmo mantendo a produção crítica de ATP. Em animais homeotérmicos, a restrição calórica promove queda na temperatura corporal, um indício de que esse procedimento eleva a eficiência bioenergética.[132] Uma pergunta interessante é se ocorre elevação na complexidade do organismo com a restrição calórica. Portanto, sob o ponto de vista bioenergético e metabólico, fazer menos exercícios físicos e ingerir menos alimentos parece ser mais benéfico para o organismo!

Soma-se a essa proposta a possibilidade de, no repouso, ocorrer imediatamente após o exercício físico ativação do ciclo de degradação de purinas localizado no citoplasma celular, também envolvido com formação de EROs nesse compartimento intracelular. Em exercícios intensos e de curta duração, produtos da degradação do ATP são oxidados, e seus elétrons, transferidos para o oxigênio molecular, gerando EROs. Esse processo foi primeiro proposto como produção de EROs por isquemia e reperfusão. Além disso, há indícios de que a capacidade antioxidante química e enzimática de organismos aeróbios seja insuficiente para neutralizar os efeitos nocivos de EROs produzidos acima do normal. De fato, quando produzidas naturalmente no organismo ou em quantidade acima do normal e destinadas à proteção do organismo contra agentes patogênicos, são benéficas ao organismo. Alguns autores verificaram que EROs neutralizadas com antioxidantes químicos prejudicam a força desenvolvida durante a contração muscular.

Domínio nuclear é a razão entre volume do citoplasma por núcleo celular.[133] Em comparação às fibras lentas, as fibras musculares rápidas são maiores, com domínio nuclear maior e baixa quantidade mitocondrial. Assim, fibras grandes possuem poucas mitocôndrias e pouco núcleo por volume tecidual. Ou seja, em músculos mais oxidantes (com mais núcleo por volume celular que a fibra glicolítica), qualquer região do citoplasma tem mais núcleo em grande proximidade. Como consequência, um tecido oxidativo pode produzir mais enzimas com funções bioenergéticas do que músculos glicolíticos e gerar, como consequência, maior desperdício energético.

O maior desperdício bioenergético pode resultar em queda no potencial de membrana e reduzir a produção intramitocondrial de EROs. Portanto, se organismos pudessem elevar sua eficiência bioenergética mantendo suas condições fisiológicas e metabólicas atuais, isso seria prejudicial em termos evolutivos. Ou seja, queda na eficiência bioenergética com o TFE exerce efeitos positivos na proteção antioxidante tecidual. Talvez seja por isso que indivíduos menos treinados apresentem maior índice de estresse oxidativo do que aqueles com mais tempo de treinamento, quando são expostos ao exercício físico intenso. Assim, elevar a eficiência bioenergética pelo TFE, como sugerido anteriormente, com a intenção de melhorar o DFE, caso seja efetivado, pode resultar em maior aproveitamento da energia disponibilizada durante o exercício e gerar, como consequência, maiores possibilidades de ocorrência de danos oxidativos teciduais. A questão a ser respondida é se a complexidade sistêmica elevada, em paralelo à maior eficiência bioenergética sugerida, pode minimizar esse efeito.

10 Controle e regulação em sistemas biológicos

Controle e regulação são conceitos algumas vezes diferenciados quanto à origem do estímulo que incide sobre o organismo. Em termos metabólicos, controle significa ajuste na produção da via metabólica em resposta ao estímulo externo, e regulação refere-se à manutenção de certa estabilidade em determinada variável, mesmo com variação nos estímulos externos, sendo ambos interdependentes. A primeira definição pode ser facilmente constatada em livros básicos de Cinética enzimática, enquanto o segundo forma a base que sustenta a definição de homeostase.

De acordo com a TES, qualquer estímulo que incida sobre o organismo é considerado agente estressor, e a resposta, estresse ou resposta ao estresse. Segundo essa proposta de Selye,[135] a resposta ao estresse é dividida em três fases:

- alarme;
- resistência;
- exaustão.

Portanto, a resposta do organismo ao estresse mostra perfil trifásico, configurando aquilo que foi por ele denominado por "síndrome de adaptação geral", porque acreditava que essa resposta fosse inespecífica ao tipo de estresse sofrido, fato esse reconhecido por fisiologistas atuais, mesmo com alguma restrição.[1]

Outra observação sobre esse efeito é o perfil da curva de resposta assumindo configuração semelhante a uma parábola, com resposta inicial negativa. A resposta negativa inicial é decorrente da falta de capacidade, nesse período, de o organismo reagir adequadamente à desestabilização de variáveis fisiológicas e metabólicas. No início da resposta ao estresse, a medula adrenal libera epinefrina, e o córtex adrenal, glicocorticoide, ambos com a função de restaurar a homeostase (Figuras 10.1 e 10.2). Sua recuperação leva ao segundo estágio, em que a defesa e a adaptação são otimizadas. Se, entretanto, o agente estressor persistir, segue-se para a fase seguinte, em que a resposta adaptativa cessa, com o consequente aparecimento de sinais de adoecimento e morte.

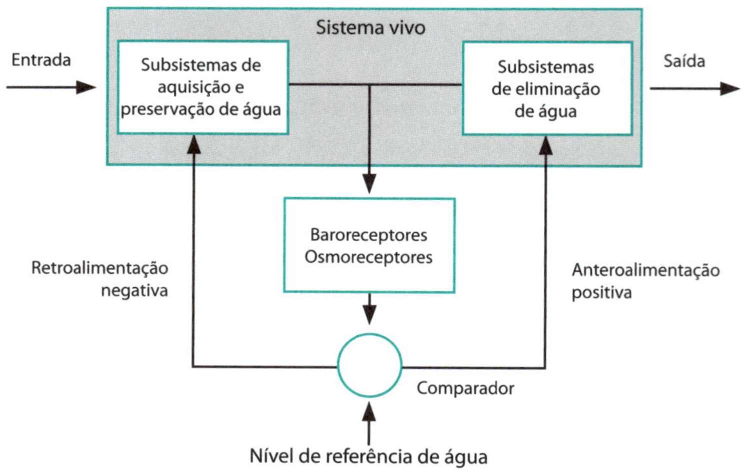

Figura 10.1 - Elementos de um sistema de controle baseado em realimentação representado pelas necessidades de consumo de água pelo organismo humano.

A fase que corresponderia à adaptação no modelo de Selye diz respeito às modificações desencadeadas no organismo pelo estímulo na fase de resistência. Se a intensidade da estimulação se mantiver em nível compatível com as possibilidades de variação fisiológica, propicia-se, por meio disso, a oportunidade de o organismo manter elevado controle sobre possíveis distúrbios ocorridos, caracterizando aquilo que é conhecido por *steady state* ou homeostase. Caso contrário, e como previsto por Selye, pode-se atingir a fase de exaustão, com consequente perda de controle sobre a funcionalidade orgânica e celular. Uma consequência resultante disso é a síndrome de *overtraining*.

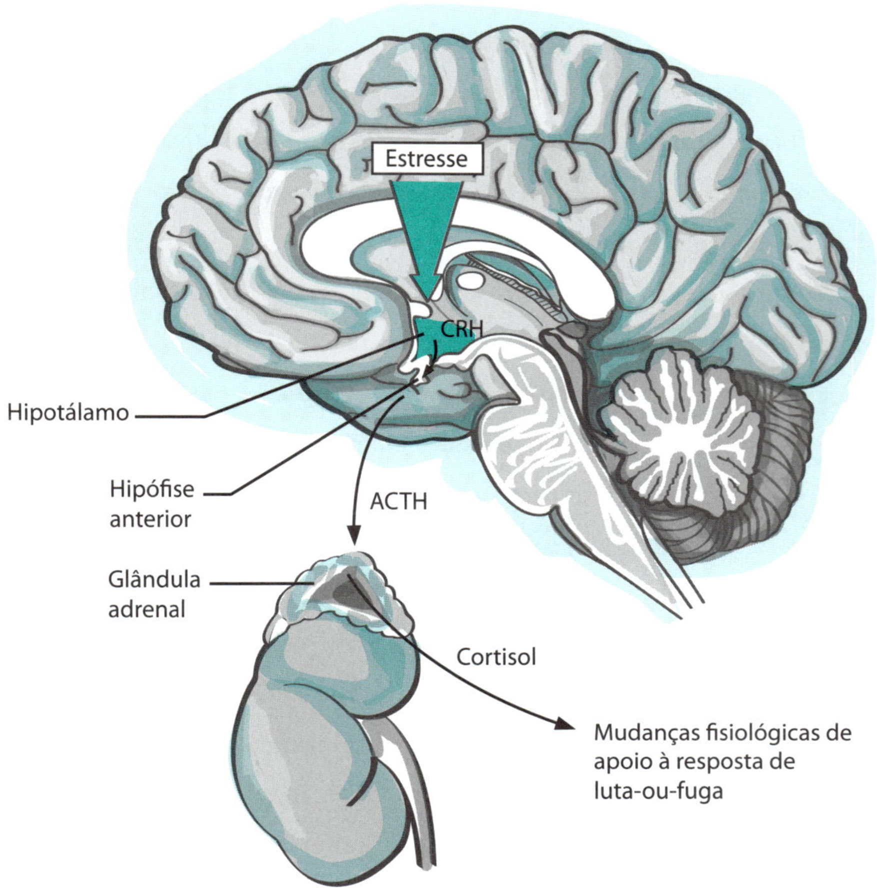

Figura 10.2 - Eixo hipotálamo-hipófise-glândula na modulação do estresse.

As ideias de Selye sobre estresse são, portanto, utilizadas como referencial teórico do TFE (treinamento físico-esportivo), principalmente em se tratando dos conceitos de sobrecarga e adaptação. Precursores do conceito homeostase afirmaram que, após qualquer distúrbio ocorrido, um sistema tende a restabelecer o *steady state*, ou mudar sua magnitude quando o distúrbio externo for prolongado. A vida e suas manifestações, dessa forma, tornam-se parte de uma sucessão de *steady states*, uma batalha para manter constantemente certo balanço entre estresse e um distúrbio sofrido.

As modificações desencadeadas pelo organismo segundo a homeostase decorrem da necessidade de manutenção de estabilidade fisiológica para que a vida se mantenha e evolua. Contudo, existe um paradoxo nessa afirmação, já que não se pode objetivar mudança por meio da permanência. Essa contradição também se nota no conceito de adaptação, porque este se relaciona mais com permanência do que com mudança. Além disso, se o organismo humano submetido ao exercício físico frequente sempre tivesse os efeitos do distúrbio orgânico e celular retrocedendo ao valor normal, não ocorreriam modificações no desempenho físico com o TFE. Portanto, não é possível conciliar mudança com noções de equilíbrio, homeostase, ponto fixo ou *steady state*.

Na verdade, existem no organismo variáveis que se modificam mais lentamente e que dão a impressão de fixidez em seus comportamentos, como no caso da noção de ponto fixo para a quantidade de gordura corporal no estudo da obesidade. Outras, por sua vez, modificam-se ou oscilam mais rapidamente, como temperatura corporal, glicemia, pressão arterial, células epiteliais etc. Essas modificações tempo-dependentes significam, muitas vezes, que podem se alterar lentamente e demorar mais para voltar aos valores normais, enquanto as modificações rápidas podem retornar mais rapidamente aos seus valores de origem. Contudo, o retorno nem sempre corresponde ao valor de referência, como no caso do peso corporal com base no teor de gordura. De fato, tanto o exercício físico como a alimentação excessiva modificam constantemente o referencial de estabilidade com o incremento da condição física e da obesidade. De maneira geral, pode-se dizer que, em razão dos estímulos que sofre a todo instante, o organismo dificilmente retorna exatamente à sua funcionalidade anterior. Fato que comprova essa afirmação é a curva de desenvolvimento humano, muito parecida com uma parábola, mostrando que, ao longo da vida de humanos, não há linearidade entre estímulo e resposta em sistemas biológicos.

As bases para a aceitação da estabilidade fisiológica como uma condição básica para a vida, adotadas por Walter B. Cannon[134] e Hans Selye, são originárias de Claude Bernard e filósofos da Antiguidade. De fato, Bernard propôs que o ambiente interno celular - *milieu intérieur* –, ao ser modificado por estímulos do meio ambiente, causa mudanças compensatórias contínuas com a intenção de preservá-lo. Mais especificamente, Cannon[134] propôs o termo homeostase referindo-se ao conjunto de valores aceitáveis para as variáveis internas. Pensou, com isso, que o comprometimento destas poderia promover ativação de processos internos como uma unidade funcional. Selye[135] definiu estresse como estado caracterizado por um padrão de resposta uniforme, independentemente das particularidades do estímulo ("síndrome de adaptação geral"), que pode promover, em longo prazo, mudanças patológicas.

Como as variáveis internas no modelo da homeostase necessitam de controle ou regulação para obter estabilidade, justificaram essa noção, em termos teóricos, com a teoria da realimentação, desenvolvida pelos primeiros pesquisadores da Cibernética. Para que a realimentação funcione dessa forma, é preciso ter no organismo algum tipo de referencial aceito como normal, a ser utilizado como meio de controlar a variabilidade intrínseca quando estímulos perturbam a estabilidade de suas variáveis. Sempre que houver desvio em relação a esse valor, o sistema desencadeará uma série de modificações em fatores de controle para efetivar essa manutenção. É como se o sistema possuísse estocadas em sua estrutura informações armazenadas em razão das suas experiências anteriores, daí o surgimento das noções de ponto de estabilidade, *steady state* e ponto de referência ou de ajuste. Segundo se propõe, além da aprendizagem, esse referencial deve ter sido incorporado ao organismo em virtude do valor adaptativo para as espécies ao longo de sua história evolutiva. Portanto, de acordo com a homeostase, sempre que o organismo se encontra sob efeitos de estímulos, processos internos são alterados para restabelecer os valores de seus parâmetros ou funções.

O conceito de realimentação está diretamente relacionado com a informação retransmitida e captada por sistemas de controle, mostrando que o valor de determinada variável não corresponde ao esperado. Assim, o sistema será capaz de controlar suas funções, mantendo certa estabilidade em suas condições internas relativamente às flutuações ocorridas internamente em razão de influências internas ou externas. Caso a realimentação diminua os valores das respostas sistêmicas, ela é denominada realimentação negativa; se o contrário ocorre, o mecanismo é de realimentação positiva.

Como existem no organismo inúmeras partes e processos a serem controlados, também se encontra nele certo número de sistemas destinados a essa função. Esses sistemas são representados principalmente por aqueles supostamente detentores de informações armazenadas na forma de memórias que servem de referencial para o desencadeamento de ações de controle ou regulações: o sistema nervoso central, o imunitário e o endócrino, cabendo ao sistema circulatório a missão de integrá-los por meio da distribuição de moléculas. Ou seja, como ocorrem trocas de informações entre as partes componentes do sistema, o controle de suas funções torna-se importante, principalmente para mantê-las unidas e funcionando em harmonia. Em razão das influências de estímulos externos que impõem variação na concentração de fatores controladores liberados na circulação sanguínea, ou pela presença de variação na corrente elétrica nervosa, verifica-se no organismo, em função disso, variação constante no comportamento dessas partes ou nos processos em que estejam envolvidas, caracterizando o desequilíbrio permanente exibido por variáveis de sistemas biológicos.

Os sistemas de controle citados devem estabelecer interface entre o ambiente interno e o externo para efetivar o controle adequado de suas variáveis. Quanto mais componentes e processos envolvidos e sofrendo influências mútuas, mais complexo será o sistema na teoria do controle. Em razão disso e da constante interação entre as partes do sistema, qualquer perturbação em um ponto da sequência dos componentes do sistema pode modificar sequências não somente posteriores como também anteriores a esse ponto, com possíveis consequências negativas para a eficiência bioenergética, porque toda interação entre componentes sistêmicos ocorre com trocas de informações que interferem diretamente na utilização energética sistêmica. Informação e energia podem ser a mesma coisa, assim, problemas na transferência de informação podem se refletir em gasto de energia sem que trabalho seja realizado, contribuindo decisivamente para que exergia seja reduzida como consequência.

Uma aplicabilidade recente da teoria do controle com ações múltiplas de realimentação envolve o estudo da fadiga que sucede ao exercício físico. Noakes[21] e seu grupo defendem recentemente que, até o momento, as pesquisas acerca dos mecanismos de fadiga consideraram os diversos subsistemas que constituem o ser humano como entidades separadas, haja vista a hipótese dos fatores limitantes do desempenho físico. Por exemplo, potássio, sódio, cálcio, fósforo, fosfocreatina, glicogênio e moduladores hormonais adrenérgicos perfazem um sistema complexo que interage na execução do movimento e consequentemente do desempenho físico, agindo, dessa forma, em conjunto, o que torna difícil creditar a apenas um desses componentes a razão de a fadiga ocorrer.

Tradicionalmente, considera-se que mecanismos isolados, como a queda na quantidade de glicogênio muscular ou a alteração na razão da concentração sanguínea entre os aminoácidos de cadeia ramificada (leucina, isoleucina e valina) e triptofano, entre outros, são responsáveis pela fadiga. No entanto, quando se utiliza o conceito de realimentação (positiva ou negativa), fadiga torna-se uma situação que depende da interação dinâmica de todos os subsistemas.

A teoria do controle parece adequar-se satisfatoriamente ao estudo da regulação enzimática de ciclos e vias de substrato, ou mesmo ao estudo da regulação metabólica, apenas quando os mecanismos são vistos de forma mais ou menos simples e com poucos componentes envolvidos. Dois exemplos clássicos sobre isso são o efeito Pasteur e o ciclo glicose-ácidos graxos. No primeiro caso, sabe-se há muito tempo que, sempre que o organismo passa a produzir energia utilizando componentes da via aeróbia, em razão da grande quantidade de energia liberada da glicose comparativamente ao processo anaeróbio, observa-se queda no consumo intracelular desse substrato. A explicação envolve queda na atividade de enzimas regulatórias da via glicolítica (por exemplo, fosfofrutoquinase-1) por seus moduladores alostéricos negativos (ATP - trifosfato de adenosina ou adenosina trifosfato - e citrato, principalmente). O mesmo raciocínio se aplica no segundo caso.

Para esses sistemas relativamente simples, a teoria do controle se mostra bastante capaz na explicação desses processos. Entretanto, para problemas como a fadiga de cuja manifestação participam vários processos e estruturas, assim como inúmeras alças de realimentação em várias partes do organismo, o problema torna-se de difícil solução sob o ponto de vista dessa teoria, porque é impraticável monitorar grande número de variáveis ao mesmo tempo e assim determinar as interações dinâmicas no sistema que são mais importantes. Deve-se buscar, portanto, uma teoria que considere a complexidade do organismo ao mesmo tempo em que se abre mão de análises e soma de fatores isolados ou em uma pequena faixa de interação.

É possível que, se as pesquisas sobre fadiga continuarem com o modelo do fator limitante, inúmeros fatores relacionados a ela sejam catalogados sem com isso chegarmos a entender o problema. Ou seja, falta uma teoria que estabeleça a fadiga como uma previsão a ser constatada experimentalmente ou que sirva como teste para ela. Em função disso, pode-se cogitar sobre a inexistência de mecanismo explicativo para a fadiga.

Dessa forma, pode-se dizer que o uso da teoria do controle para explicar a complexidade orgânica, celular e fenômenos relacionados decorre da influência exercida pelo conceito homeostase. No entanto, Bertalanffy[136] já discutia, há mais de meio século, que a classe de sistemas que se baseia em realimentação negativa é bastante restrita no mundo. Além disso, chama a atenção o fato de o ser humano reagir de forma muito mais complexa que aquela imaginada pelos proponentes do conceito homeostase. Nessa perspectiva, Bernard-Weil[137] cunhou o termo homeostase patológica para definir a tendência de um organismo que recebe terapia medicamentosa a voltar ao estado de anormalidade (doença) após curto espaço de tempo.

O organismo também não é passivo, como sugere a noção de homeostase, já que ele muitas vezes se antecipa aos acontecimentos, tanto interna como externamente. Esse estado antecipatório exibido pelo organismo diante dos estímulos ambientais é caracterizado por aumento pronunciado da frequência cardíaca, da pressão sanguínea, da ventilação pulmonar e do consumo de oxigênio previamente à realização do exercício físico.[138] Além desses, pode ocorrer elevação da temperatura corporal e da glicemia, podendo também, em alguns casos, ocorrer ligeira produção de lactato pela fibra muscular. Já foi demonstrado que a via glicolítica, comparada ao repouso, pode ter sua velocidade de produção de ATP aumentada em várias vezes quando realizamos atividade física intensa. Newsholme[31] afirmou que, para o organismo ter seu metabolismo ativado nessa magnitude, deve haver sensibilização prévia ao esforço físico das principais enzimas controladoras da atividade do metabolismo celular.

Todas essas alterações fisiológicas e bioquímicas, previamente ao exercício físico, caracterizam o organismo como uma entidade ativa e não reativa e são reconhecidas como uma forma de mobilização adequada dos estoques energéticos do organismo para sustentar a atividade física a ser realizada.[138,139] Sem isso, o metabolismo celular não poderia ser ativado prontamente e com rapidez para satisfazer a demanda energética imposta. Assim, sistemas de controle baseados em realimentação no metabolismo indicam a possibilidade de o sistema reagir ao estímulo, sem a possibilidade de antecipação. No modelo de organismo reativo (homeostático), para o metabolismo celular ser ativado adequadamente, primeiro há necessidade de consumo de ATP, por exemplo, para que seus produtos passem a ativar as vias metabólicas a fim de que sua produção volte a atender a demanda. O consumo de ATP serviria para o organismo como um sinal de que um *deficit* energético passou a se estabelecer, impondo aos sistemas de controle enzimáticos, hormonais, circulatório e nervoso a ativação dos processos envolvidos com síntese de ATP. A carga energética da célula é controlada, nesse modelo, em termos bioenergéticos, por meio da razão entre ATP e seus produtos (carga energética da célula), que deve se manter em torno de 0,8, com o potencial de fosforilação celular normal estando por volta de 12 kcal/mol.

Outro exemplo que ilustra bem a importância de o organismo ser ativo em condições normais relaciona-se com o processo digestório. Imagine se o organismo esperasse passivamente o alimento adentrar os órgãos desse sistema para reativamente ativar todo o seu processo de transformação. O processo seria certamente bem mais demorado do que normalmente ocorre. Estímulos que ativam o olfato ou mesmo a prática constante da alimentação em momentos regulares podem antecipar funções do organismo preparando-o para a alimentação. Esse fenômeno é resultado da interação dinâmica que ocorre nas partes constituintes do organismo, em que as regulações primárias, ou seja, por interações mediadas por realimentação intrínseca, servem de suporte. A essa modificação antecipada das funções orgânicas e celulares, cuja qualidade e quantidade são ritmicamente moduladas pela porção simpática do sistema nervoso autônomo, deu-se o nome de homeostase preditiva. Para os proponentes desse termo, homeostase no sentido clássico só pode ser atribuída a um organismo passivo que reage ou responde internamente aos estímulos ambientais na proporção em que é influenciado por eles.

Alguns aspectos clínicos e fisiológicos descobertos recentemente sobre o comportamento temporal de variáveis fisiológicas, como a frequência cardíaca, também inviabilizam a utilização da homeostase como paradigma fisiológico. Por exemplo, para identificar portadores de algum problema cardíaco, médicos utilizam a frequência cardíaca de forma comparativa identificando médias e desvios padrão de dois ou mais indivíduos. Contudo, esse procedimento pode revelar que ambos estão normais, porque os indivíduos podem demonstrar, por exemplo, valores idênticos para esses parâmetros, sugerindo inexistência de problema clínico. O principal problema com esse procedimento é que a análise não leva em conta a não linearidade inerente a essa variável fisiológica. A não linearidade exibida por variáveis fisiológicas é resultado do permanente estado de desequilíbrio em que se encontram em virtude da interação constante entre partes que interagem no organismo, resultando em grande desperdício bioenergético. Essa característica apresentada por sinais biológicos foi denominada homeodinâmica por Yates. Com o mesmo objetivo de ressaltar a importância desse estado fisiológico, homeorese já havia sido proposta anteriormente por Waddington. Em razão desse comportamento verificado em variáveis fisiológicas, existem razões para que se proceda analisando continuamente seus comportamentos em vez de se basear somente em valores médios e desvios padrão.

A não linearidade característica de sistemas que se comportam em desequilíbrio gerando grande desperdício bioenergético resulta em constante oscilação em suas cinéticas registradas em gráfico apropriado. Esse comportamento cinético pode ser exemplificado por enzimas do metabolismo celular que podem sofrer influências positivas ou negativas por hormônios alterados durante a atividade física ou por alguma disfunção hormonal, ou por outros fatores, que muitas vezes inviabilizam a relação direta estabelecida entre modificações na sua atividade e variação na concentração de seus substratos ou de moduladores positivos ou negativos de suas atividades, assim como por modificações proteicas estruturais ou em seus grupos prostéticos. A PFK-1 (fosfofrutoquinase-1) possui sítio em sua estrutura que responde diretamente ao AMPc, que aumenta no meio intracelular em virtude da ação hormonal. Assim, o estudo da atividade de enzimas utilizando médias e desvios padrão também pode não revelar modificações induzidas diretamente pelo substrato, mas mostrar que, no momento da análise, sua cinética se comportava daquela forma em razão de muitos outros fatores. O estudo das oscilações nas vias metabólicas induzidas espontaneamente por moduladores de enzimas reguladoras é realizado desde o final dos anos 1960.

A variabilidade inerente a essas variáveis está relacionada com a resposta de organismos a modificações na magnitude das demandas ambientais que necessitam de interações não lineares entre os componentes orgânicos e celulares. Assim, tanto a noção de homeostase como análises baseadas em estatística descritiva parecem não ser suficientes ou até mesmo adequadas no estudo das características de sistemas não-lineares, o que será mais bem-explicado a seguir.

Duas propriedades importantes de sistemas lineares são a proporcionalidade e a superposição.[140] Proporcionalidade significa que a resposta e o estímulo possuem, num par coordenado, comportamento linear (coeficiente angular da reta = 1,0). Por exemplo, a lei de Beer* estabelece, em estudos de espectrofotometria, que a absorbância de uma substância é proporcional à sua concentração desde que não ultrapasse 0,7, quando deixa de obedecer a essa regra. Mais especificamente, a regra recomenda que os valores de absorbância sejam considerados proporcionais à concentração da substância entre 0,3 e 0,7. Portanto, mesmo sistemas simples como esse não obedecem inteiramente à regra da proporcionalidade, mas apenas em condições bem restritas. Superposição sugere que o comportamento de um sistema linear composto por múltiplos componentes pode ser totalmente compreendido e previsto pelo estudo isolado deles. Nessa análise, a resposta total será reconhecida simplesmente pelo somatório das partes constituintes.

Algumas características exibidas por variáveis fisiológicas podem ser monitoradas continuamente para estudar possíveis mudanças em suas complexidades, como a eletromiografia, o eletroencefalograma e o eletrocardiograma. Ou seja, variáveis que se comportam como séries temporais podem fornecer informações sobre modificações orgânicas e celulares mais confiáveis relativamente ao estabelecimento de comportamento mediano em seus valores.

* A lei de Beer-Lambert, também conhecida como lei de Beer ou lei de Beer-Lambert-Bouguer, é uma relação empírica que, em Ótica, vincula a absorção de luz com as propriedades do material atravessado por esta.

Um exemplo de sistemas não lineares simples que violam a proporcionalidade é o sistema representado pela equação conhecida na Biologia de Populações como equação logística, em que a dinâmica de crescimento populacional segue o modelo da curva no formato sigmoide. No caso dos organismos, por exemplo, a proporcionalidade não se aplica, porque pequenas mudanças nos parâmetros ou nas condições iniciais de funcionalidade de variáveis fisiológicas podem resultar em efeitos amplos e imprevisíveis, como na equação logística. Ou seja, toda tentativa de se prever eventos futuros por meio de acontecimentos presentes ou passados tem valor bastante limitado; é o caso, por exemplo, da Meteorologia, que sempre falha em suas previsões.

Isso ocorre porque há interações entre variáveis de forma imprevisível, gerando consequências totalmente ao acaso. Esse fato foi retratado pelos estudiosos do caos com a metáfora do "bater de asas da borboleta", em que o simples bater de suas asas em um lugar extremo do planeta pode gerar consequências imprevisíveis em lugares longínquos. A superposição já foi bastante discutida neste livro, significando que há impossibilidade de compreensão de sistemas compostos por múltiplos componentes pelo estudo de partes isoladas. Essa estratégia falha porque os componentes de um sistema não linear interagem de um modo que todos os componentes sistêmicos se autoinfluenciam, mesmo aqueles supostamente considerados sem importância pelo princípio da especialização. Além disso, a influência é imprevisível tanto no tempo como no espaço de interação disponível.

Algumas características exibidas por variáveis fisiológicas podem ser monitoradas continuamente para estudar possíveis mudanças em suas complexidades, como a eletromiografia, o eletroencefalograma e o eletrocardiograma. Ou seja, variáveis que se comportam como séries temporais podem fornecer informações sobre modificações orgânicas e celulares mais confiáveis relativamente ao estabelecimento de comportamento mediano em seus valores. No exercício físico, por exemplo, monitoramento do consumo de oxigênio ou da produção de lactato pela fibra muscular, assim como atividade enzimática e produção hormonal, podem ser utilizados quanto a esse propósito. Em termos bioenergéticos, monitorar a temperatura corporal ou a produção de calor de forma que acompanhem a ocorrência de possíveis variações nessas variáveis em condições normais ou em exercício físico pode revelar informações importantes sobre mudanças na eficiência bioenergética e possíveis alterações na complexidade do organismo nestas condições. Portanto, apesar da complexidade que caracteriza cada organismo humano e da singularidade de seus constituintes, pode ser encontrado certo grau de regularidade no comportamento de suas variáveis.

Em outro modelo, o objetivo deve ser a procura pela presença de uma entidade concreta responsável pela variação observada. Apesar de o estudo isolado dessa entidade render algumas soluções para problemas relativamente simples ou simplificados, surgem também muitos outros problemas, pois, quando os componentes sistêmicos são individualizados, é destruída a principal característica dos sistemas complexos: a interação entre as partes. A entidade concreta por trás da variação do sinal não pode, dessa forma, ser analisada em virtude da fragmentação sistêmica (isto é, dividida em partes) sob o ponto de vista semântico do termo.

Em razão da complexidade inerente às entidades biológicas, mecanismos explicativos de problemas como a fadiga são praticamente impossíveis de serem identificados. Portanto, estabelecer relações de causa-efeito sobre problemas dessa natureza ou de relações ou correlações aproximadas somente acrescenta informações sob o ponto de vista quantitativo, mas não de forma qualitativa.

Como em um sistema complexo o comportamento de variáveis é resultante da interação dinâmica entre seus componentes, torna-se difícil a identificação de uma entidade ou mecanismo responsável, forçando-nos a abandonar a ideia de que tal entidade de fato exista. Teríamos, portanto, de abrir mão de sua busca e utilizar teorias que nos fornecessem meios de compreender ou registrar tal fenômeno, mas sem tentar descrevê-lo. Ao contrário dessa proposta, no modelo mecanicista e reducionista, o propósito é analisar partes e depois tentar fazer o caminho contrário, com vistas a refazer o sistema complexo, como ao montar um quebra-cabeça. Entretanto, a capacidade humana e o procedimento adotado precisariam levar em consideração as mínimas diferenças entre os vários subsistemas do organismo não identificadas na análise pelos procedimentos derivados dessa abordagem.[43] O trabalho resulta em grande qualidade na análise, mas com muita pobreza na síntese. Nessa condição, são reconhecidas no procedimento a primazia do processo e menor qualificação do produto, como já afirmado antes.

Segundo Popper, nunca existiu em qualquer época, como agora, tão grande quantidade de pesquisa ou número tão elevado de pesquisadores. O problema é que as bases teóricas para tais pesquisas foram estabelecidas antes da década de 1960.

11 Estresse e homeostase

Homeostase, portanto, é um termo bastante controverso e sujeito a severas críticas. As alternativas mais sugeridas para sua substituição são homeodinâmica e alostase, que se referem à manutenção de certa estabilidade sistêmica por ajustamentos constantes, ou seja, preservação pela mudança. Contudo, homeodinâmica considera importante a presença de pontos fixos ou de *steady state* como referências para a funcionalidade orgânica e celular, fato esse não reconhecido pela alostase. Homeodinâmica significa basicamente que parâmetros ou processos fisiológicos mudam continuamente e que a única constância verificada no organismo é o curso temporal da mudança observado em suas variáveis.

Mais recentemente,[141] esse comportamento exibido por variáveis fisiológicas foi denominado por *séries-temporais* e enfatizaram que a noção de homeostase e sua proposta de regulação por *feedback* negativo é insuficiente para explicar o comportamento dessas variáveis que resulta geralmente das interações de partes formando redes. Outra crítica à homeostase vem de McEwen et al.,[142] que afirmaram serem necessárias, atualmente, modificações nesse termo e na noção de estresse. Justificam essa crítica enfatizando que a síndrome de adaptação geral não condiz com dados obtidos por pesquisas recentes; ou seja, não se aceita atualmente que ela signifique que todo tipo de estresse invoque a mesma resposta estereotipada do mediador do estresse. Em vez disso, o eixo hipotálamo-

-hipófise-glândula possui padrão de resposta que está diretamente relacionado com o tipo de agente estressor. Outro argumento é o de que o comportamento de "lutar ou fugir" não se aplica a ambos os sexos; em vez disso, é mais próprio do sexo masculino em situação de perigo. Além disso, existem diferenças na resposta ao estresse imposto por condições sociais a ambos os sexos.

A crítica à noção de homeostase exposta anteriormente diz respeito a esta somente ser aplicada a poucos processos fisiológicos, e McEwen et al. propõem, em seu lugar, a noção de alostase, termo previamente definido por Peter Sterling. Entretanto, na proposta original de Sterling, alostase não existe para proteger a homeostase. De fato, para McEwen et al., pontos de estabilidade, assim como processos regulatórios, mudam com o tempo para preservar a homeostase de certos processos importantes para a vida. Além disso, introduzem, conjuntamente à alostase, as noções de estado alostático, carga alostática e sobrecarga alostática. Assim, alostase explica a aparente ambiguidade da noção de homeostase (preservação e mudança) e distingue entre sistemas que são essenciais para a vida (homeostase) e aqueles que mantêm esses sistemas em balanço (alostase) quando o ambiente se torna instável conjuntamente às mudanças naturais a que os organismos são submetidos nos seus ciclos de vida.

- *Fitness*: tradicionalmente relacionado com aumento no genótipo ou na população.
- Relaciona-se com taxa de reprodução.
- Não existe um número ótimo de descendentes para certa quantidade de trabalho reprodutivo.
- Não leva em conta a qualidade inerente ao número de nascimentos.

De acordo com estudos e propostas de Selye,[135] pesquisas neurofisiológicas, comportamentais e clínicas recentes ressaltam que funções orgânicas em situação de emergência são reguladas e ativadas principalmente pelo sistema nervoso autônomo na sua porção simpática, enquanto a manutenção da constância das variáveis internas, principalmente pelo parassimpático. Rasia-Filho[143] não considera que o sistema nervoso autônomo seja, de fato, autônomo. Considera que atividades neurais são intencionalmente ativadas para adequar as variáveis fisiológicas de acordo com as necessidades do comportamento animal. Na verdade, segundo o autor, a famosa expressão envolvida com ativação desse sistema conhecida como "lutar ou fugir" é ilusória, porque não reflete a realidade da ativação das funções fisiológicas. Considera ainda que "a mobilização das variáveis fisiológicas não ocorre de acordo com o 'tudo ou nada'; ao contrário, ocorre com intensidade graduada de acordo com as situações diárias impostas".

- Especialistas são mais sensíveis ao estresse do que espécies generalistas.
- Se o ambiente for estável, no *steady state* se obtém dissipação mínima, em razão do baixo custo metabólico (ver crítica anterior).
- A capacidade de a célula resistir às flutuações no *steady state* pode ser determinante na longevidade.
- Envelhecimento relaciona-se com eficiência energética que é reduzida com o tempo.
- Vitalidade: reserva energética para contrapor mudanças mantendo funcionamento adequado, ou recuperação após insultos e acidentes.
- Eficiência metabólica promove robustez, resistência ao estresse e *fitness*.

O autor defende, citando outras referências, que

> ambas as divisões (simpática e parassimpática) são tonicamente ativas e operam em conjunto entre si e com o sistema motor somático para regular as diversas formas de comportamento, normal ou em situações emergenciais.

É, na verdade, o balanço existente entre as duas porções do sistema nervoso autônomo que contribui com a manutenção do ambiente interno estável quando ocorrem mudanças nas condições externas.[33] Ou seja, o conceito de alostase (*allo* = diferente; *stasis* = constância) explica essa propriedade do sistema nervoso autônomo e mostra a importância que tem para a preservação da estabilidade interna em meio à mudança.[144]

O estado alostático refere-se ao que foi alterado e sustentado pela atividade de mediadores primários, como os glicocorticoides, que integram a Fisiologia e o comportamento em resposta às mudanças ambientais ou em virtude das interações sociais, do tempo, da doença, dos predadores, da poluição etc. Se o desbalanço imposto pela mudança continuar por longo tempo, poderão surgir sintomas de sobrecarga alostática. Esse tipo de sobrecarga pode ocorrer de duas formas:

- se a demanda energética exceder a produção, ou o que pode ser mobilizado dos estoques do organismo, constatar-se-á a presença da sobrecarga alostática do Tipo I;
- o segundo tipo ocorrerá se a demanda energética excedente continuar por longo tempo, havendo o risco de desenvolvimento de doenças.

- Espécies generalistas são mais resistentes aos extremos climáticos do que as que são especialistas.
- O estresse desencadeia adaptação.
- A preservação de organismos com potencial metabólico máximo é privilegiada.

Nesse contexto, verifica-se que o conceito de estresse está de acordo com a *hormesis*, porque os fatores orgânicos e fisiológicos que se modificam podem exercer efeitos benéficos ao organismo num primeiro instante (elevação nas concentrações sanguíneas de glicocorticoides), e maléficos, se a mudança persistir por longo tempo. O Tipo I de sobrecarga alostática pode ser exemplificado pelo exercício físico intenso, que pode evoluir para o Tipo II caso o estímulo produza os efeitos típicos da síndrome de *overtraining*.

De acordo com Sterling,[145] homeostase significa estabilidade por meio da constância. Para este autor, evidências se acumulam demonstrando que parâmetros fisiológicos não são constantes. Na alostase, o propósito da regulação não é a constância. Ou seja, alostase considera que um parâmetro com valor não usual não significa que seu ponto fixo deva ser defendido, mas uma resposta a algo que foi previsto pelo sistema. Central na alostase, portanto, é a noção de que parâmetros variam e de que isso antecipa a demanda. Sterling afirma que a alostase não existe para preservar a homeostase e enfatiza que a constância não é importante para a vida; para tanto, utiliza vários exemplos, como a variação da temperatura corporal, a pressão interna, a obesidade etc, que são monitorados pelo sistema nervoso central. Ressalta que, por vários motivos, esses processos necessitam de controle central:

- para monitorar continuamente todos os órgãos;
- para computar e atualizar a lista de prioridades.

- *Fitness* pode ser definido principalmente em termos energéticos.
- Longevidade e velocidade metabólica são inversamente relacionadas.
- Mecanismos de utilização de energia são dirigidos para a máxima eficiência em situação de escassez.
- Espécies com grande longevidade devem ser eficientes energética e metabolicamente.
- *Fitness* máximo relaciona-se com heterozigosidade em razão da maior eficiência energética.
- Tendência a se aumentar a eficiência energética de indivíduos com a evolução.

Em diversos momentos de seu texto, Sterling procura mostrar que mudanças ocorridas no fenótipo e na Fisiologia podem estar relacionadas com diversos aspectos impostos por estímulos ambientais e condições de vida, e não com a genética ou com algum defeito no processo de controle de variáveis, como é o caso dos problemas de saúde apresentados por afro-americanos, por exemplo, obesidade, diabetes tipo II e hipertensão. Para o autor, o princípio da homeostase não pode explicar a obesidade. Se o metabolismo fosse controlado primariamente por *feedback* negativo, a queda na energia liberada seria acompanhada também de redução no consumo de alimento. Quanto a isso, o autor salienta que nos EUA ocorre o contrário: "quanto menos nos exercitamos, mais ingerimos alimento".

- A medida do *fitness* em um mundo estressante é eficiência energética.
- Estresse drena energia e relaciona-se com perda de eficiência. A eficiência é reduzida. Qualquer aumento no estresse promoverá distúrbios no balanço energético entre entrada e saída.
- Qualquer processo corrente no organismo degrada energia desse sistema.

A noção de homeostase também não parece explicar adequadamente a elevação no desempenho físico pela supercompensação, assim como a ocorrência de fadiga, como aparece na hipótese do governo central de Noakes. A relação com a noção de homeostase com esses mecanismos envolve o objetivo inerente nesses processos, que é o de retornar a atividade metabólica e fisiológica ao seu estado inicial, que é modificado pelo exercício físico. Esses processos regulatórios relacionam-se com a sensação aumentada de fadiga e são ativados para reduzir a intensidade em que o exercício se encontra, resultando em queda na atividade contrátil muscular ou na atividade dos processos metabólicos liberadores de energia para a ressíntese de ATP (trifosfato de adenosina ou adenosina trifosfato).

A relação entre homeostase e a hipótese do governo central é constatada em razão da presença da noção de "ponto fixo ou de referência" que, para Noakes e seu grupo, serve como forma de registro central como se fosse a referência a partir da qual desvios podem ser computados, e a extensão da mudança, avaliada, para se desencadearem respostas satisfatórias a fim de se neutralizar o desvio ocorrido. Para Noakes e seu grupo, contudo, variáveis fisiológicas possuem certo dinamismo em virtude das interações que ocorrem entre o meio ambiente interno e o externo, fazendo existir, na verdade, não um ponto fixo, mas um ponto médio no comportamento de tais variáveis. Além dessa contradição, o grupo enfatiza em sua obra que há certo paradoxo em nossa predisposição para a realização de exercício físico, pois, já que ele impõe certas modificações em variáveis fisiológicas e existe essa natural tendência do organismo a protegê-las, que o exercício físico seria uma atividade anti-homeostática, porque descreve essas modificações como maléficas ao organismo. Portanto, não está claro no modelo do governador central

> por que indivíduos iniciariam o exercício físico, uma vez que o aumento na atividade metabólica e fisiológica associado ao exercício é um processo que pode lhes causar desconforto ou até mesmo modificações danosas.

- Organismos devem adquirir e transformar energia, nutrientes obtidos do meio ambiente para se manterem e se reproduzirem.
- Definição bioenergética de *fitness*: "frequência na obtenção de substratos em excesso em relação ao requerido para crescimento e manutenção do indivíduo, destinado à reprodução".
- Frequência de conversão de energia em trabalho útil para reprodução.

Sterling se opõe a discutir saúde utilizando a homeostase como paradigma. Segundo Sterling,[144] saúde não significa apenas estabelecer meios de o organismo retornar ao estado de normalidade previsto pela homeostase, por meio de tratamento com drogas, por exemplo, porque esse procedimento pode desestruturar outros processos, como exemplificado no tratamento com diurético para controlar a hipertensão e evitar o derrame (AVC), que tem resultado em problemas cardíacos diversos. Na verdade, o autor sustenta que a hipertensão, em que pesem seus efeitos nocivos, está de acordo com as condições atuais de vida. O problema não está em controlar a hipertensão em si, mas em modificar as condições de vida do paciente, tornando-a menos atribulada. Para Sterling, saúde está relacionada com balanço entre anabolismo e catabolismo, e não com uma causa específica ou fator primariamente responsável pelo padrão anormal de comportamento constatado em variáveis fisiológicas. Em função do nível elevado de ativação do organismo pela sobrecarga do dia a dia da civilização moderna, certos fatores relacionados com catabolismo elevado poderiam criar um meio ambiente interno favorável ao desenvolvimento de problemas, como a hipertensão ou síndrome de *overtraining*.

Contrariando as ideias de Sterling quanto ao universalismo do princípio alostático, Carpenter[146] considera que o principal objeto de estudos da Fisiologia é, de fato, compreender a homeostase. Para ele, a noção de alostase possui conceitos vagos ou maldefinidos e, em muitos casos, já ressaltados pela noção de controle homeostático por Moore-Ede[147] e pela heterostase de Selye, principalmente quanto ao fenômeno da antecipação. Outra crítica vem do conceito de reostase de Mrosovsky,[148,149] que a descreve com o seguinte exemplo:

> quando um animal intacto se defronta naturalmente com mudanças ocorridas em sua homeostase, ocorrem respostas fisiológicas ou formas de comportamentos que são ativadas de maneira coordenada para defender a variável regulada.

Reostase significa que:

> a qualquer momento o nível de um parâmetro (ou variável) é mantido próximo à referência ou ponto fixo por mecanismos homeostáticos, mas, ao longo do tempo, o nível de referência é alterado.

Para Day,[150] a proposta de Sterling baseia-se numa premissa falsa a respeito da noção de homeostase, porque, segundo ele, Cannon nunca sugeriu que nesse conceito todos os processos e parâmetros fisiológicos devessem se manter constantes; na verdade, sugere que se encontra presente na noção de homeostase a proposta de estabilidade por meio da mudança, como aparece na de alostase. Além disso, segundo Day, mecanismos alostáticos como os descritos por McEwin são idênticos aos propostos antes por Cannon como mecanismos homeostáticos. Day propõe, em função de suas críticas, uma nova maneira de conceituar estresse; porque, segundo ele, da forma como definido por Selye e seguidores, estímulo estressor deve ser considerado "qualquer condição a que o organismo é exposto que resulta em alteração no padrão de normalidade homeostática", por exemplo, a resposta da insulina modificando sua concentração sanguínea nos leva a pensar que a alimentação é um agente estressor.

- O estresse reduz o fluxo de energia até um ponto crítico, impossibilitando a sobrevivência.
- A variação na severidade do estresse fornece o *continuum fitness*-estresse.
- O *fitness* deve ser máximo em condições intermediárias de estresse, como propõe a hormese.
- Sistemas biológicos são estáveis, e a dissipação de energia é baixa em zonas termoneutras.

Day sugere, em função disso, algumas modificações na noção de estresse:

> a definição de estresse de Selye deve diferenciar entre respostas seletivas (normalmente adequadas) a pequenas mudanças, e respostas não seletivas (emergenciais) a grandes mudanças, que neste caso se reconhece a presença de agente estressor.
>
> Estresse é uma resposta multissistêmica do corpo a qualquer modificação que ultrapassa, ou é julgada como ultrapassando, a capacidade dos mecanismos homeostáticos de resposta seletiva.[41]

Outra definição de estresse que poderia ser adotada integrando as anteriores relaciona-se com a noção de hormese já discutida: "a resposta a um estressor não aumenta ou diminui monotonicamente com a elevação na sua dose, ao invés, é normalmente caracterizada por relações não-lineares."

Em 1956, Selye faz a seguinte observação que ainda se aplica aos seus críticos, pois muitos deles interpretaram de maneira limitada sua proposta:

> todas as reações biológicas promovem desvio acentuado da homeostase no órgão especificamente envolvido. Se todas essas reações forem incluídas na noção de estresse este se tornaria um conceito supérfluo.

Além disso, o autor relata nesse mesmo trabalho que a resposta ao estresse é, por definição, inespecífica (síndrome de adaptação geral), uma vez que pode ser desencadeada por praticamente qualquer agente; mas o padrão de reação ao estresse é muito específico. Selye conclui seu trabalho propondo uma definição para o estresse que inviabiliza as críticas de Woods[151] descritas antes: "um estado manifesto por uma síndrome específica que consiste de todas as mudanças inespecificamente induzidas em um sistema biológico".

- A relação estresse-resposta não é linear.
- Todos os tipos de ambientes possuem um custo energético.
- Estresse moderado pode induzir elevação na longevidade.
- O estresse moderado e repetitivo prolonga a vida média, mas diminui a fecundidade.

Estresse agora não é nem visto como uma perturbação nem como padrão de resposta estereotipada, mas como uma condição caracterizada pela discrepância "percebida" entre a informação monitorada de uma variável ou critério para desencadear uma resposta efetora. Além disso, reconhece-se que estressores diferentes podem promover padrões particulares de respostas na ativação nervosa simpática, produção adrenomedular hormonal, hipotalâmico-pituitária-adrenocortical e outros efetores.

Segundo críticos da alostase, a noção de ponto fixo é fundamental na compreensão da homeostase, mas pode variar, em determinado momento, em função de vários fatores. Como a magnitude da variação é controlada, considera-se que as flutuações prolongadas em constantes fisiológicas são, de fato, defendidas. Cabanac,[152] portanto, considera a reostase, a homeorese e possivelmente a homeodinâmica conceitos mais apropriados, porque reforçam fortemente a noção de ponto fixo, contrariada pela alostase. De fato, segundo Woods, estabilidade das funções internas é condição necessária para a existência de vida independente; para isso, variações externas são a todo instante compensadas e postas em balanço com as necessidades internas.

Citando Yates, Woods enfatiza que "apesar de Bernard usar o termo fixité que é frequentemente traduzido por constância, seria melhor se fosse traduzido por estabilidade", porque o primeiro enfatiza apenas aspectos limitados da noção de homeostase propostos por Cannon, em que, se uma vez atualizado, também consideraria aspectos envolvendo a presença de *feedback* positivo, e não somente retroalimentação. Esse fato está presente na definição de reostase de Mrosovsky que aponta que Cannon, ao utilizar o termo homeostase em vez de homostase, refere-se à similaridade, com alguma variabilidade, em vez de referir-se à igualdade.

Quanto ao problema da obesidade nos EUA citado por Sterling anteriormente, Woods acredita, assim como Cabanac, que a alimentação não seja uma variável regulada, mas um efetor/resposta controlada que, dentre outras funções, estabiliza a variável regulada *obesidade*. Assim, a alimentação poderia significar um comportamento que tem por função estabilizar a adiposidade. Contudo, muitos já mantiveram seu consumo de alimento e até o elevaram, independentemente do gasto calórico reduzido, aumentando seu estado de obesidade. Ou seja, a proposta de Woods e Cabanac, para ser aceita, deve modificar a visão de que homeostase possa também ser controlada por comportamento antecipatório e por *feedback* positivo, que não fazem parte da proposta inicial de Bernard e Cannon. Além disso, mesmo Selye reconheceu as limitações da homeostase quando sugeriu que, além dessa condição, é possível a ocorrência de modificações na funcionalidade do organismo que denominou heterostase.

Segundo Berridge,[153] dentre os conceitos mais importantes no estudo do comportamento pela Neurociência, os de homeostase e motivação são os mais fundamentais. Para o autor, a noção de homeostase tem dominado as Ciências Comportamentais na questão envolvendo esses estudos, principalmente no caso da fome e da sede, em que seus objetivos nos últimos cinquenta anos têm sido compreender a existência de pontos fixos ou sinais de *deficit* responsáveis por esses comportamentos. Em sua discussão sobre mecanismos de *feedback* e regulação homeostática desses comportamentos, o autor é claro em afirmar que não existem pontos fixos verdadeiros para regular esses comportamentos; na verdade, ele os considera mais pontos aparentes - ou pontos medianos, na expressão utilizada por Noakes comentada anteriormente -, do que, de fato, pontos fixos verdadeiros. Ao citar Robert Bolles, Berridge afirma que "não existem pontos fixos no organismo para a fome e sede e, portanto, não existem mecanismos homeostáticos para esses comportamentos". Essas são algumas das razões de adotarmos neste livro a alostase em vez da homeodinâmica ou da homeorese como noções destinadas a explicar a funcionalidade orgânica e celular diante dos efeitos do estresse sobre o organismo humano.

A fome, segundo argumenta, não pode ser desencadeada pelo desvio do valor de referência; ao contrário, no caso do peso corporal, afirma que seu valor transita próximo a um valor moderadamente estável. Esse valor sofre influências de vários fatores, como: "não somente por impulsos internos ou mecanismos da saciedade, mas também por razões externas e palatabilidade do alimento". Para o autor, "nosso conceito homeostático de ponto fixo no peso corporal é uma ficção". Quanto a isso, o autor considera que um problema crucial da homeostase reside na explicação dos mecanismos ineficientes da sede em contrabalançar as perdas hídricas sofridas pelo organismo, que, quando ingere líquido, já apresenta certo grau de desidratação! Como explicar a mudança de nossa percepção alimentar quando estamos famintos e uma dieta simples acaba se tornando extremamente deliciosa?

Podemos adicionar a essas indagações a seguinte questão: por que realizamos exercícios físicos se são formas anti-homeostáticas de comportamentos? Por que há elevação na massa gorda com o tempo e o referencial denominado por ponto fixo muda constantemente? Ciclo de vida de um organismo é caracterizado por mudanças constantes, indo desde as que ocorrem com aparente valor positivo com o crescimento e desenvolvimento até aquelas negativas caracterizadas como próprias do envelhecimento. Assim, a única coisa constante no organismo, parafraseando Yates, é o curso temporal da mudança em um organismo vivo. Ou seja, nada é fixo em um organismo. Essas são algumas indagações e observações que não encontram explicações na noção de homeostase, dentre outras já citadas.

Sobre mecanismos de *feedback* e regulação homeostática da fome e da sede, não existem pontos fixos verdadeiros para regular esses comportamentos, na verdade; estes são mais pontos aparentes do que, de fato, pontos fixos verdadeiros.

12 Conceitos de adaptação

A adoção dos efeitos agudos ou crônicos exercidos pelo estímulo do exercício físico sobre o organismo como critério na conceituação de adaptação nos leva a dizer que qualquer tipo de modificação ocorrida no organismo em função desse tipo de estímulo deve ser sempre assim denominado. De fato, Prosser[154] considera que a mudança biológica é temporal, sendo o processo adaptativo fator explicativo de tal modificação e aparentemente em todos os níveis. No curto espaço de tempo, aplica-se a definição de adaptação baseada na teoria do estresse de Hans Selye e na noção de homeostase de Cannon. Em longo prazo, no entanto, utilizam-se a teoria da evolução de Darwin e suas modificações posteriores.

Em termos socioculturais, adaptação diz respeito a mudanças nas condições de vida dos indivíduos e nas interações pessoais, gerando consequências comportamentais e possivelmente biológicas em longo prazo. Ou seja, conceitos podem possuir sentidos diferentes quando paradigmas diversos são utilizados como base teórica na sua definição.

- *Adaptação* é qualquer característica ou comportamento natural evoluído que torna algum organismo capacitado a sobreviver em seu respectivo *habitat*. Podem ser anatômicas, fisiológicas ou comportamentais.

- Adaptações são resultado do processo de *seleção natural* ao longo de várias gerações seguidas de mudanças, em razão de diferentes níveis de *aptidão* conferidos por variações aleatórias hereditárias em alguma característica.

Na teoria da evolução das espécies, os dois principais conceitos são a adaptação e a seleção natural (Futuyma, 1992).[155] Pode-se dizer que a seleção natural promove a sobrevivência diferenciada das entidades biológicas por meio do sucesso adaptativo exibido pela espécie. Modificações adaptativas que conferem maior sucesso reprodutor podem ser, na perspectiva darwiniana, o meio pelo qual espécies se tornam dominantes. Contudo, apesar de a adaptação ser central na teoria darwiniana, esse termo ainda não se encontra totalmente definido. Uma opção é a que a descreve como a perfeita relação existente entre um organismo e seu ambiente, ou, pelo menos, uma tendência a ela.

A consequência negativa desse conceito para a espécie é seu aprisionamento no meio ambiente em longo prazo, de modo que, se este variar, dificuldades na sobrevivência irão aparecer. Por exemplo, durante o fim das eras glaciais, espécies que desenvolveram proteção contra o frio intenso foram extintas com a chegada do calor abrasador. Essas espécies também podem ter seu nicho ecológico invadido por espécies diferentes e que podem superá-las em termos reprodutivos. Esses problemas ocorrem porque adaptação possui caráter conservacionista. De fato, adaptação objetiva preservar o organismo, e não modificá-lo. Nessa perspectiva, quando um traço característico contribui para a sobrevivência da espécie, ele se propaga pela população em virtude do maior número de descendentes gerados pelos que o possuem.[156]

Assim, verifica-se que, desde *A origem das espécies*, de Darwin, dois grandes temas permeiam nossa explicação das características dos organismos: a genealogia, pela qual a explicação é encontrada na ancestralidade dos organismos, e a adaptação, pela qual é encontrada nas suas condições de vida. Entretanto, adaptação não é importante como característica individual. Ou seja, é fundamental para a evolução que as forças de seleção natural atuem sobre a variação genética da população em questão. Outro conceito de adaptação conhecido diz respeito à maximização da capacidade de procriação individual ("inclusive *fitness*"), isto é, quanto mais os genes de um organismo aparecem na próxima geração, mais ele se encontra adaptado. Mas, segundo a ideia do gene egoísta, organismos não são os alvos principais da evolução; estes funcionam apenas como intermediários para garantir a sobrevivência dos genes. Ou seja, o propósito da evolução é disseminar genes, e não selecionar organismos.[157]

Na Fisiologia e na Bioquímica, entretanto, que são disciplinas altamente influentes no Esporte e na Educação Física, adaptação é empregada com frequência para descrever modificações fenotípicas de um organismo individual ao seu ambiente, como na aclimatação e na aclimação. Assim, pode-se dizer que adaptação pode ocorrer tanto em um curto espaço de tempo como ao longo de eras inteiras. A única coisa que se deve diferenciar nessa abordagem é o espaço de tempo ou o ritmo em que a mudança se desenrola e sua reversibilidade. Por exemplo, quando nos aclimatamos à altitude ou ao frio, as modificações ocorridas no organismo para manter nossa funcionalidade de acordo com as necessidades dos sistemas biológicos nessas condições são consideradas por Prosser como adaptações fenotípicas. No entanto, aquelas modificações duradouras e transmissíveis às gerações futuras são denominadas adaptações genotípicas, já que a mudança ocorre com modificações na sequência de base do DNA (ácido desoxirribonucléico) (mutações).

"Adaptação" ao estresse em Fisiologia (Hans Selye, 1907-1982)

- Fase 1: alarme.
- Fase 2: resistência.
- Fase 3: exaustão.

A importância dos genes nas modificações evolutivas e desenvolvimentistas é em virtude das influências exercidas pelo darwinismo e pelo neodarwinismo, em que se passou a dar grande ênfase a mutações como o fator principal envolvido no processo adaptativo de espécies a seus ambientes locais imediatos ou tardios. Portanto, adaptação tem sido considerada, na síntese moderna, como um processo de mudança lenta e irreversível com a possibilidade de transmissão dos caracteres adquiridos para os descendentes. Contudo, uma vez que mutações são raras e, portanto, difíceis de ocorrer, sugeriu-se que fatores que interferem diretamente na experiência de vida dos organismos tivessem valor adaptativo em curto prazo muito mais significativo e com a possibilidade de, em longo prazo, contribuir para a evolução das espécies.

As pesquisas que resultaram nessa proposta tiveram origem em ideias de Lamarck, que foram abandonadas principalmente em razão dos estudos de August Weismmann,[158] que demonstrou que o soma (fenótipo) não se comunica diretamente com o genoma (genótipo). Ou seja, não há possibilidade de a herança dos caracteres adquiridos ser justificada pela Ciência, porque a transmissão da informação genética é geralmente considerada processo unidirecional, fato esse reconhecido pelo dogma central da Biologia Molecular, em total acordo com Weismmann. Mais recentemente, esse dogma foi modificado com a descoberta dos retrovírus, porque estes podem produzir DNA a partir do RNA (Figura 12.1).

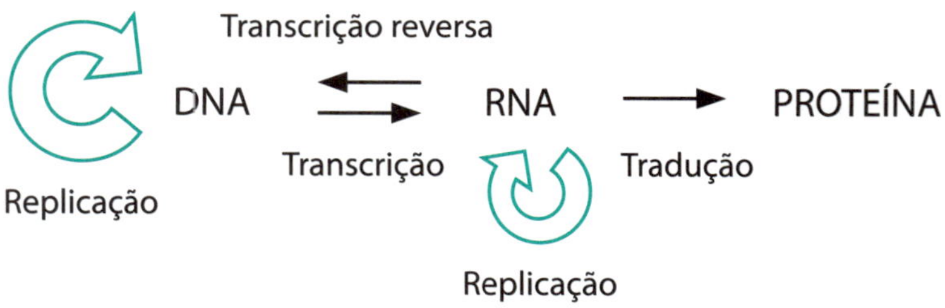

FIGURA 12.1 - Dogma central da Biologia Molecular (weismannismo).

Baldwin[159,160] retomou a questão das influências ambientais imediatas na adaptação e na evolução e sugeriu, inclusive, que a aprendizagem e o tipo de cultura são certamente fatores importantes na modificação dos organismos em longo prazo. Essa proposta foi posteriormente testada experimentalmente por Conrad Waddington, que provou estar certa; ou seja, mutações são importantes para a mudança biológica e a constituição das espécies, mas não são o único mecanismo disponível para isso.[161] A Epigenética, nome sugerido por Waddington para essa disciplina emergente na primeira metade do século XX, retomou recentemente esses experimentos e vem progressivamente mostrando que essas modificações não relacionadas com mutações podem alterar a expressão gênica. Uma dessas modificações se dá por marcação química do tipo de metilação de citosinas, com subsequente silenciamento ou ativação de genes reguladores importantes para a expressão de certos caracteres.

- *Epigenética* é um termo usado na *Biologia* para se referir a características de organismos *unicelulares* e *multicelulares* (como as modificações de *cromatina* e *DNA*) que são estáveis ao longo de diversas *divisões celulares*, mas que não envolvem mudanças na sequência de *DNA* do organismo.
- Estas mudanças epigenéticas desempenham importante papel no processo de *diferenciação celular*, permitindo que as células mantenham características estáveis diferentes, apesar de conterem o mesmo material genômico.

Epigenética, portanto, refere-se às mudanças não estáveis - mas transmissíveis - na expressão gênica que não estão diretamente relacionadas com alterações na sequência de bases do DNA.[162,163] Essas mudanças podem afetar a expressão gênica ou as propriedades de seus produtos. Mudanças desse tipo que vêm sendo estudadas incluem metilação do DNA, mudanças na configuração da cromatina e no RNA, impedindo sua tradução. Além disso, RNAs que não codificam proteínas podem regular a expressão gênica de várias formas. Outro exemplo de efeito citoplasmático que poderia interferir nas características celulares ou na expressão gênica relacionado com estresse envolve respostas celulares às suas mudanças físico-químicas (turbidez e viscosidade) denominadas "reação celular universal", que se caracteriza por ser bifásica. Na fase I (estímulo com baixa intensidade), ocorre queda na turbidez e na viscosidade, com aumento concomitante no potencial de membrana e na resistência ao estímulo estressante. Na fase II (estímulo com alta intensidade), em virtude da intensificação nas modificações físico-químicas citoplasmáticas, a membrana é despolarizada, com queda concomitante na resistência ao estímulo.[164]

Queda na turbidez ou na viscosidade do citoplasma durante o estresse com modificações no potencial de membrana podem estar relacionadas com associação de proteínas ao citoesqueleto normalmente solúveis no citoplasma, como enzimas da glicólise. Ao se associarem ao citoesqueleto nessa condição, enzimas da glicólise tornam-se mais sensíveis aos seus substratos e elevam suas velocidades de catálise. Além disso, tornam o processo de canalização dos intermediários da via mais rápido. Por exemplo, exercício físico intenso induz ligação de enzimas em proteínas do citoesqueleto quando a glicólise é intensamente ativada.[165]

Outro exemplo diz respeito à intervenção nutricional, que pode modificar a resposta aguda ao exercício físico e influenciar as alterações decorrentes do treinamento. De fato, existem evidências de que o exercício prolongado, ao ser iniciado com baixos valores musculares de glicogênio, promova elevação na transcrição de vários genes envolvidos com efeitos decorrentes do treinamento físico. Efeitos do estresse maternal ou de sua alimentação durante o período de gestação podem ser transmitidos por várias gerações, dependendo do comportamento subsequente da prole. Importante, nesse caso, é a possibilidade de que estímulos ambientais possam interferir positiva ou negativamente nas características da prole, o que torna, para o TFE (treinamento físico-esportivo), sem sentido, ou apenas uma pequena parte do todo, a afirmação de que atletas "já nascem feitos" ou de que "para os atletas serem de alto nível estes devem escolher previamente seus pais, para garantirem com isso um bom material genético". Essa afirmação se insere no contexto do determinismo genético no Esporte que se encontra sob influência do neodarwinismo.[166] A Epigenética demonstra, com suas pesquisas, que diversos fatores interagem durante a configuração de uma resposta biológica decorrente do estresse, e as interações que ocorrem entre genes e seus produtos podem modificar muito o resultado esperado.

Embora existam poucos estudos que tenham procurado investigar esses tópicos envolvendo o exercício físico, isso se mostra um tema de fundamental importância para a área. Pesquisas realizadas por Le Galliard et al.[167] com animais mostraram que expressão gênica favorece o desempenho em atividades prolongadas, mas que é afetada por fatores ambientais. Em outro estudo, também com animais, os autores demonstraram que mães mal-alimentadas durante a gestação favorecem o desenvolvimento do sedentarismo e o consumo de alimentos hipercalóricos pela prole após a concepção. Em uma revisão recente, apenas salientou-se a possibilidade da influência de fatores epigenéticos na manifestação do desempenho físico, sem, contudo, descrever como isso poderia acontecer aos seres humanos.[168]

O determinismo genético no Esporte questionado por essas pesquisas nos leva a ver que experiências motoras, tipo de treinamento e alimentação podem interferir no desempenho físico futuro de crianças mal-orientadas desde pequenas, independentemente de fatores genéticos. Ou seja, o mau desempenho do atleta não deve ser atribuído apenas aos seus genes, mas também a fatores epigenéticos e à má-orientação recebida. Outro aspecto importante envolvendo plasticidade fenotípica relaciona-se com gestantes que se submetem a alimentação carente ou consumo de drogas e sedentarismo, no tocante ao desenvolvimento fetal. A proposta do gene *thrifity* é um bom exemplo disso, que considera que doenças da idade adulta decorrentes dos hábitos da sociedade moderna têm relações com experiências passadas vivenciadas pelos indivíduos imediatamente antes ou logo após a concepção.[169]

Baseada nessa premissa, a Ecologia Antropológica lançou a proposta de se diferenciar adaptações resultantes de mutações gênicas dos efeitos que somente afetam o fenótipo, porque as primeiras são irreversíveis, enquanto as segundas, reversíveis – mesmo que as últimas possam persistir por algumas gerações. Para o segundo caso, Moran[170] sugere a noção de ajustamento em vez de adaptação. No caso dos indivíduos, que podem ter seus fenótipos alterados pela exposição aos estímulos ambientais, esse autor considera que existem quatro tipos distintos de ajustamentos:

- regulador;
- aclimação;
- aclimatação;
- desenvolvimento.

Portanto, no sentido popular, adaptação refere-se ao estado de ajustamento aos eventos imediatos que ocorrem no meio ambiente e que o perturbam.

As respostas reguladoras do organismo diante dos estímulos ambientais ocorrem de forma rápida e refletem sua flexibilidade fisiológica e comportamental. De maneira geral, pode-se dizer que quase todo tipo de comportamento (se não todos!) é alguma forma de resposta reguladora que serve para manter certa estabilidade do organismo no meio ambiente ou que permite o ajuste às mudanças momentâneas ocorridas nele. Esse conceito de regulação está de acordo com a noção de homeostase, sendo diferente de controle, como previamente comentado. As estratégias culturais de vestuário e abrigo, por exemplo, estão entre os mecanismos reguladores mais comuns que aumentam as possibilidades humanas de sobrevivência com relativo bem-estar em ambientes variados. Contudo, processos de regulação não impedem que ocorra flutuação em variáveis fisiológicas, sendo regulação mais bem-relacionada com alostase em razão das críticas previamente feitas à noção de homeostase.

As respostas de aclimação individuais levam mais tempo para entrar em operação, pois exigem mudanças na estrutura do organismo. Para ocorrerem, é preciso estímulos externos por período de tempo suficiente, cujas respostas são geralmente reversíveis quando cessa a situação que produziu a alteração orgânica ou celular.

- *Aclimatização* significa resposta a alterações ambientais naturais;
- *Aclimatação/aclimação* refere-se à resposta a mudanças ambientais impostas em condições de laboratório (artificiais).

Apesar de Moran (1994) utilizar como exemplo de aclimação os efeitos do exercício físico praticado regularmente, porque são decorrentes de prática razoavelmente prolongada e com efeitos reversíveis, os autores do presente livro acreditam que, para essa forma particular de ajuste, deve-se elaborar uma nova denominação, porque aclimação sugere efeitos naturais ou do clima, por exemplo, induzidos artificialmente nos organismos. De fato, aclimação diferencia-se de aclimatação apenas por estar envolvida no segundo caso, mudança ambiental natural, enquanto no primeiro os estímulos não são naturalmente propiciados ao organismo.[171]

As respostas de desenvolvimento são irreversíveis e ocorrem durante o crescimento e o desenvolvimento do indivíduo. É durante esse período que o organismo humano é capaz de se moldar às condições ambientais predominantes. Um exemplo citado por Moran diz respeito à criança cujo crescimento se dá em altitudes elevadas, e que normalmente desenvolve pulmões mais dilatados e maior capacidade torácica para se ajustar às condições gerais de baixa tensão de oxigênio existentes no local. Passado o período de crescimento, ninguém conseguirá desenvolver caixa torácica maior nesse ambiente. Portanto, depreende-se dessas afirmações que não é correto afirmar que o atleta e o indivíduo comum se adaptam no processo de treinamento físico ou a qualquer mudança momentânea ocorrida no meio ambiente.

- Parece não haver nenhuma adaptação, em termos populacionais, à altitude. Estudos recentes com andinos e tibetanos mostram que alguma alteração genética encontra-se em curso em razão da altitude.
- Verifica-se aumento da ventilação pulmonar e posterior aumento da sua capacidade funcional.
- Nativos possuem maior volume pulmonar e maior volume residual após expiração máxima.
- *Ajuste de desenvolvimento*: proliferação de unidades alveolares e aumento da superfície alveolar durante a infância.

- Outro problema é a frequente associação que se faz entre adaptação e destreinamento (reversibilidade da condição física). Como a adaptação é um conceito biológico que se refere a processos de mudanças lentas e irreversíveis, geralmente decorrentes de mutações gênicas e mudanças epigenéticas, torna-se sem sentido a associação da reversibilidade ou do destreinamento com esse conceito. Dessa forma, o conceito adaptação, baseado em Selye ou em Darwin, não pode ser utilizado para explicar as mudanças estrutural-funcionais ocorridas no organismo em virtude do TFE. É, portanto, certo dizer que alterações fenotípicas decorrentes do treinamento físico são resultantes de ajustamentos do organismo a esse tipo de estímulo, tendo por paradigma os efeitos horméticos de estímulos estressantes previamente descritos. Portanto, fatores epigenéticos e genéticos podem contribuir para o desenvolvimento ou a evolução dos organismos ou interferir positiva ou negativamente em manifestações comportamentais, como o desempenho físico.

13 Adaptação e Antropologia

Adaptação é também muito importante para a Antropologia Biológica, que tem a teoria da evolução de Darwin como paradigma. Contudo, segundo a Antropologia, os mecanismos de adaptação biológica e cultural não agem isolados, mas interagem constantemente para possibilitar a adaptação das populações humanas aos diferentes ambientes existentes no planeta. Por exemplo, quando os seres humanos passaram a consumir alimentos com densidade calórica maior, como a carne e os carboidratos, estes modificaram sobremaneira suas características biológicas e socioculturais. Entretanto, há indícios de que o processo adaptativo decorrente tenha levado o organismo a se estruturar mais para a estocagem do que para a eliminação do excesso de alimento consumido. Decorre desse fato a possibilidade de que doenças da modernidade sejam o resultado desse processo evolutivo.

- *Condições econômicas precárias*: 40% da população são desempregados e 50% vivem abaixo da linha da pobreza. O esporte serve para a ascensão social. Portanto, motivações econômicas podem justificar a procura pelo Esporte.
- *Crianças são muito ativas*: crianças que se deslocam frequentemente para a escola por longas distâncias possuem VO_2máx (consumo máximo de

Explicações normalmente encontradas para o alto desempenho físico de quenianos em provas prolongadas do atletismo.

oxigênio) superior em 30% , mas 14 de 20 grandes corredores declararam não ter percorrido longas distâncias para a escola.

- *Altitude*: 2.400-3.000 m.
- Dieta queniana diferenciada.

O uso de alimentos densos em caloria e nutrientes, como a carne relativamente aos vegetais, diminuiu em dois terços tanto a quantidade ingerida de alimentos como o tempo gasto em alimentação. Todavia, a caça, que era inicialmente o principal meio de obtenção da carne, não pode prover uma população em crescimento em um local circunscrito. Para os caçadores, a escolha foi implacável: a fome ou o nomadismo. Segundo estudos antropológicos, a adoção da segunda opção pode ter sido o grande fator responsável pelo surgimento das diferenças existentes hoje entre as populações humanas. Como atualmente humanos possuem condições técnicas para a produção e a estocagem de alimento, além de a tecnologia ter propiciado máquinas que reduzem o esforço físico, o maior consumo desses alimentos aliado ao sedentarismo podem ser, em termos reducionistas, os fatores mais envolvidos com problemas como a obesidade. Contudo, obesidade pode ser um problema de complexidade organizada mais relacionado com evolução do que com motivos simples e causais como esses.

Outras explicações para o alto desempenho físico de quenianos em provas prolongadas do atletismo.

- As feras mais selvagens, velozes e maiores encontram-se nessa região, por isso, atletas adquiriram essa atitude competitiva.
- *Kalenjin* corredores possuem genes que se adaptaram ao calor, a condições áridas e a grandes altitudes.
- Mais de 55% das melhores marcas das últimas vinte listas para homens dos 800 à maratona são de quenianos.
- São originários de oito tribos pequenas chamadas *kalenjin* (3,5 milhões de pessoas).
- A tribo *nandi* é a que mais contribui (2% da população do Quênia).
- O tipo físico dos *kalenjin* é o de possuírem membros inferiores longos e finos.

Embora o conceito de raça seja ultrapassado, retrata as diferenças biológicas existentes entre grupos humanos, significando não poderem ser alteradas em curto prazo mediante simples mudanças de hábitos ou *habitat*. A cor da pele é um exemplo. Assim, de acordo com a Antropologia Biológica, a constituição das raças decorreu de mudanças lentas e progressivas na constituição dos seres humanos, sendo, portanto, mudanças adaptativas. Dessa forma, ao se estudar no Esporte as diferenças de desempenho físico apresentadas por diversas raças, faz-se o único tipo de estudo envolvendo adaptação e desempenho físico possível nessa área.[172]

A definição genética de raça refere-se aos grupos biologicamente distintos que possuem uma grande percentagem de genes comuns. Ou seja, grupos raciais definidos são diferentes genotipicamente sob esse ponto de vista. Portanto, raça é um conjunto de indivíduos na população humana que compartilha características genéticas ancestrais. O termo étnico é normalmente utilizado no lugar de raça e refere-se aos grupos culturais distintos, ou seja, um grupo que possui características socioculturais comuns. Contudo, como existe a possibilidade de fluxo genético entre populações em virtude da diminuição nas barreiras socioculturais e migrações, isso torna o conceito de raça bastante limitado, porque se descobriu que as diferenças genéticas são muito pequenas entre as diversas raças existentes. Em geral, costuma-se atribuir os seguintes aspectos definidores de raça aos diversos grupos humanos existentes:

- cada código genético individual difere muito pouco um do outro; qualquer pessoa é aproximadamente 99,9% semelhante geneticamente; a diferença de 0,1%, apesar de pequena, representa 3 milhões de diferenças no DNA (ácido desoxirribonucleico) individual; frequências de variantes gênicas diferem ao redor do mundo, existindo grande variação genética entre africanos do que no resto do mundo, por serem os ancestrais mais antigos do homem;
- apesar de essas diferenças não exercerem muitos efeitos no fenótipo, uma pequena fração (200 mil variantes) é responsável pelos compo-

nentes genéticos da saúde, do comportamento etc., que podem significar a possibilidade de que certos grupos humanos sejam mais suscetíveis a determinados tipos de doenças ou ter DFE (desempenho físico-esportivo) superior em determinadas modalidades esportivas.

Com relação ao desempenho físico de diferentes raças, a mais estudada foi a negra, principalmente os afro-americanos.[173] Os resultados obtidos sintetizados a seguir mostram que estes são considerados superiores em várias provas do atletismo. Alguns dados expostos a seguir justificam essa afirmação:[174,175]

- afro-americanos possuem desenvolvimento motor avançado comparado com crianças brancas durante os dois primeiros anos de vida, e a diferença torna-se ainda maior na adolescência;
- as evidências apontam para a velocidade de movimento, e não para o tempo de reação, como responsável pela maior velocidade de negros relativamente aos brancos em idade escolar;
- negros possuem melhor desempenho do que brancos no salto em distância parado e no salto vertical;
- garotos negros do mesmo padrão sociocultural e da mesma idade possuem melhor desempenho físico do que mexicanos e brancos americanos.

As características de afro-americanos previamente relatadas favorecem a eles grande presença em esportes que necessitam curtos períodos de duração, saltos, agilidade e mudança de direção. Entretanto, são medíocres em atividades físicas prolongadas, e quando se examinam movimentos que envolvem a porção superior do tronco, representam pequeno percentual do total de campeões masculinos e femininos em provas como arremesso e lançamentos.

Um dado interessante é o de que quando se compara a potência muscular entre os grupos afro-americanos e americanos caucasoides, ambos apresentam relações similares, mas, para a força, a tendência é maior nos músculos de membros inferiores de afro-americanos.[176] Assim, pode-se concluir que os afro-americanos são mais capazes em atividades de curta duração do atletismo, por exemplo, porque os seus membros inferiores possuem constituição adequada às exigências físicas dessas atividades. Contudo, o mesmo não se aplica às atividades rápidas do atletismo que envolvem os membros superiores. Também observaremos a seguir que a rede metabólica celular de músculos esqueléticos de atletas afro-americanos e caucasianos possui constituição heterogênea, com maior predomínio de processos aeróbios ou anaeróbios, dependendo do grupo estudado.

Existem alguns dados que explicam o porquê de afro-americanos se destacarem em modalidades de curta duração envolvendo os membros inferiores e a potência anaeróbia (Abe et al., 1999):[176]

- afro-americanos sedentários originários da África central e ocidental possuem no vasto lateral grande percentual de fibras do tipo II e alta capacidade metabólica anaeróbia, relativamente aos caucasianos sedentários. De fato, observou-se, em teste realizado em músculos dos membros inferiores de afro-americanos sedentários, que estes possuem menor capacidade oxidativa nas suas fibras musculares comparado com caucasianos.
- afro-americanos apresentam menor pH intramuscular no repouso e durante a contração muscular e demonstram, ainda, alta razão Pi/PCr (fosfocreatina ou creatina fosfato) durante o exercício em condição estável.

Baixo pH intramuscular e alta razão Pi/PCr nos músculos de membros inferiores, durante o exercício, são indícios de grande proporção de fibras do Tipo II no músculo esquelético. Entretanto, atletas treinados aerobiamente, comparados com não atletas, são caracterizados por alto pH muscular no repouso e em igual intensidade relativa de exercício. Portanto, afro-americanos utilizam mais a via anaeróbia de produção de energia e menos a via aeróbia comparados com caucasianos. Além disso, a razão PFK-I/α-acetoglutarato desidrogenase é alta nos músculos do quadríceps de afro-americanos, indicando que carboidrato é o substrato energético preferido durante o exercício físico. Ressaltamos que as enzimas PFK-I e α-cetoglutarato desidrogenase são, respectivamente, as principais enzimas reguladoras da via glicolítica e do ciclo de Krebs.

A alta razão Pi/PCr observada durante o exercício praticado por afro-americanos pode indicar também redução na capacidade mitocondrial de regeneração aeróbia do ATP (trifosfato de adenosina ou adenosina trifosfato). De fato, a razão Pi/PCr é inversamente proporcional à atividade da enzima citrato sintase. Por possuírem mais citrato sintase no tecido muscular esquelético comparados com afro-americanos, uma consequência é o direcionamento na produção de energia mais para a via aeróbia em músculos dos caucasianos, e a menor razão Pi/PCr encontrada em seus músculos, durante o exercício, reforça essa afirmação. Além disso, afro-americanos homens, semelhantes aos caucasianos em relação à idade, ao tempo de prática de atividade física e ao índice de massa magra, demonstram menor VO_2 de pico durante o exercício envolvendo membros inferiores, o que torna a produção de energia por processos oxidativos menos importante nesses indivíduos.

Apesar de afro-americanos demonstrarem superioridade na velocidade, sabe-se de longa data que africanos do leste desse continente (Quênia e Etiópia) são superiores aos caucasianos em atividades físicas prolongadas. De fato, Abebe Bikila (1960) foi o primeiro a ganhar a medalha de ouro olímpica em provas de longas distâncias, ganhando-a novamente em 1964. Negros sul-africanos correspondem a 20% do total de corredores competitivos nesse país, mas dominam em 90% as provas entre 5 e 56 km, colocando-se em 42 posições nas primeiras 50 na meia maratona e em 34 das 50 primeiras na maratona em 1988. Em contraste, corredores brancos dominam distâncias curtas e médias nesse país. De fato, brancos contribuem com 42 posições nas 50 primeiras nos 800 m e com 41 posições iniciais na milha.

Outros dados disponíveis encontram-se descritos a seguir para explicar por que brancos e negros diferem nos seus desempenhos físicos previamente relatados.[177] Aqui se verifica a importância de os grupos musculares de atletas, como os de quenianos, possuírem maior percentual de atividade metabólica anaeróbia relativamente aos músculos de caucasianos, no que diz respeito à sustentação de ritmos de corrida mais intensos em atividades prolongadas.

- Os dois grupos mantêm a intensidade (% VO_2máx) até 5 km. Nas distâncias superiores a essa, negros conseguem manter uma percentagem maior do VO_2máx.
- Mesmo quando os grupos treinam com volumes idênticos, negros conseguem completar no seu treino exercícios com intensidades superiores às dos brancos.
- Comparando-se corredores quenianos com atletas não descendentes de africanos, foi constatado que os primeiros altamente treinados em longas distâncias possuem altos valores de VO_2máx (79,9 ml/kg/min), mas isso não significa valores muito maiores relativamente aos apresentados por corredores escandinavos (79,2 ml/kg/min).
- Em um estudo com o corredor Kip Keino, verificou-se que este utiliza a totalidade do seu VO_2máx na corrida de 5 km e, acima de 97-98%, na corrida de 10 km.[178]
- Portanto, a sustentação de altas percentagens de VO_2máx por africanos durante eventos prolongados não se relaciona com diferenças no VO_2máx e na ventilação máxima, mas com a utilização adequada de suas capacidades físicas e funcionais durante sessões de treinamento e competições.
- Foi demonstrado que negros da África do Sul apresentam grande resistência à fadiga, acúmulo menor de lactato e alta atividade de enzimas oxidativas no músculo esquelético dos membros inferiores.
- A enzima 3-hidroxiacil-CoA-desidrogenase (β-oxidação) apresenta atividade superior em 20%-50% em músculos de quenianos, comparada com caucasianos.
- Mesmo com o incremento progressivo na intensidade do exercício, africanos acumulam lactato em menor velocidade do que corredores

brancos. Apresentam, também, durante o exercício, menor QR (quociente respiratório) relativamente aos brancos submetidos ao mesmo tipo de esforço físico. Isso não quer dizer que não produzam mais lactato, o que sugere é que seja normalmente eliminado de maneira mais rápida.

Esses estudos antropológicos envolvendo raça e desempenhos físicos mostram que populações negras originárias da África ocidental, como os afro-americanos, ou originárias da África oriental possuem a tendência de apresentarem desempenhos físicos diferenciados, em razão dos fatos abordados anteriormente. Além disso, a constituição de negros da África oriental, apresentando maior capacidade aeróbia e anaeróbia do que escandinavos ou afro-americanos, sugere que o sucesso esportivo em atividades prolongadas relacione-se mais com o equilíbrio dinâmico (ou mais próximo deste) que existe no organismo desses atletas quanto às suas capacidades aeróbias e anaeróbias, assim como com o tipo de treinamento que praticam.[24] Ou seja, conseguem treinar com grandes volumes, mas também com ritmos mais intensos relativamente aos seus oponentes de outras etnias.

Estudos realizados com quenianos e etíopes não encontraram diferenças significativas na genética e na dieta desse grupo relativamente a caucasianos. Mas, existem grandes diferenças em termos alométricos e antropométricos, possibilitando a eles melhor aproveitamento bioenergético que o de outros grupos já estudados.

14 Insensibilização celular

Em termos moleculares, perda de sensibilidade na estrutura do organismo pode estar relacionada com modificações na funcionalidade de seus componentes proteicos, como receptores hormonais, e na atividade de enzimas do metabolismo celular. Em termos enzimáticos, se o cientista quer saber sobre sensibilidade, basta que se quantifique a constante km de Michaelis e Menten. Nesse caso, sensibilidade é definida como a medida da correlação quantitativa existente entre a alteração da atividade de uma enzima reguladora de uma via metabólica e a mudança na concentração do seu agente regulador.

Assim, quanto maior for o incremento na atividade de uma enzima, para determinado aumento da concentração do fator que a controla, maior será sua sensibilidade. A maior sensibilidade ou afinidade de uma enzima-chave (reguladora) de uma via metabólica pelo seu substrato, ou fator controlador de sua atividade, está diretamente relacionada à queda do seu km (constante de Michaelis-Menten na cinética enzimática). Se o km for aumentado, diminuirá a afinidade da enzima pelo substrato. Isso ocorre quando o sítio alostérico (regulador) é ocupado por um agente modulador negativo da sua atividade catalítica. Em contrapartida, quando o fator regulador for um modulador alostérico positivo, o km será reduzido, resultando em maior afinidade da enzima pelo substrato (Figura 14.1).

Apesar de a multiplicidade de agentes reguladores ser classicamente considerada importante para a regulação da atividade de enzimas, existem dúvidas quanto a esse fator ser suficiente para explicar o grande aumento da atividade da via glicolítica e glicogenolítica, por exemplo, ocorrido durante o exercício físico intenso. De fato, estudos do metabolismo muscular em exercício físico intenso com ressonância magnética nuclear revelaram que alterações das concentrações de metabólitos como ATP (trifosfato de adenosina ou adenosina trifosfato), ADP (difosfato de adenosina ou adenosina difosfato), AMP, NH3 e Pi não são suficientes para explicar essa alta atividade exibida pela via glicolítica e glicogenolítica nesta condição. Ressalta-se que esses metabólitos controlam as atividades de três enzimas importantes da via glicolítica e glicogenolítica: PFK-1 (fosfofrutoquinase), FDPase (frutose-1,6-difosfatase) e glicogênio fosforilase.

Para superar essas dificuldades, um tipo especial de mecanismo controlador das vias metabólicas, denominado de "ciclo de substratos", foi sugerido por Newsholme.[31] Segundo o autor, existem muitas reações metabólicas catalisadas por enzimas diferentes, de forma simultânea e em sentidos opostos, no meio intracelular. São exemplos de ciclos de substratos:

- glicose/glicose-6-fosfato;
- frutose-6-fosfato/frutose-1,6-difosfato;
- adenosina/AMP;
- fosfoenolpiruvato/piruvato;
- glicogênio/glicose-1-fosfato;
- triacilgliceróis/ácidos graxos;
- frutose-6-fosfato/frutose-2,6-difosfato.

Além desses, o *turnover* de proteínas promovido pela síntese e degradação proteica pode ser considerado ciclo de aminoácidos/proteínas e, de forma similar, o *turnover* de Na^+ e K^+, promovido pela Na^+K^+-ATPase pode ser considerado ciclo de translocação de Na^+ e K^+. Parry-Billings e Newsholme consideraram a possibilidade de existir ciclo de substrato envolvendo glutamina e glutamato através do sarcolema.[179]

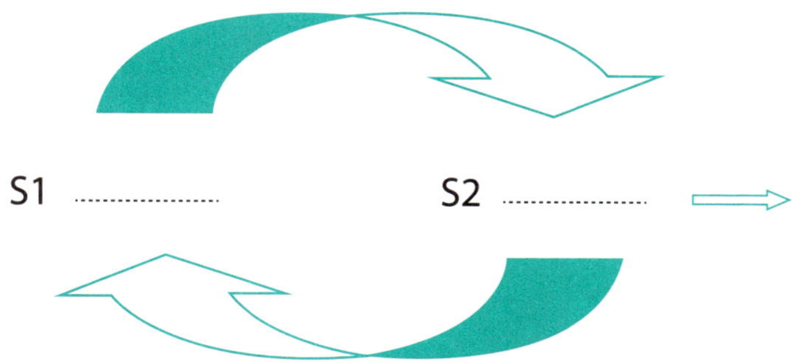

FIGURA 14.1 - Ciclos de substratos (S1 e S2) ou fúteis, pois a energia quando utilizada de ATP, é perdida na forma de calor. Enzimas responsáveis pelas reações são irreversíveis, como a PFK-1 e a FDPase.

Os ciclos de substratos que podem participar na ativação do metabolismo celular, previamente à realização do exercício físico, são:

- glicose/glicose-6-fosfato (fígado);
- glicogênio/glicose-1-fosfato (músculo);
- frutose-6-fosfato/frutose-1,6-difosfato (músculo);
- piruvato/fosfoenolpiruvato (fígado);
- triacilgliceróis/ácidos graxos (extramuscular e intramuscular).

Existem evidências de que os ciclos envolvendo frutose-6-fosfato/frutose-1,6-difosfato, glicogênio/glicose-1-fosfato e triacilgliceróis/ácidos graxos sejam ativados pelo exercício físico. Neste livro serão abordados apenas alguns ciclos envolvidos no catabolismo de carboidratos, mais especificamente o ciclo de que participam as enzimas PFK-1 e FDPase.

As enzimas PFK-1 e FDPase exercem suas funções simultaneamente na via glicolítica na etapa correspondente à formação e à degradação da frutose-1,6--difosfato. Quando um atleta se prepara para a realização de atividade física intensa, a PFK-I produz mais frutose-1,6-difosfato; simultaneamente, a enzima FDPase desfosforila esse metabólito, resultando em frutose-6-fosfato. A adrenalina e a noradrenalina são os principais hormônios ativadores desse ciclo em razão do aumento na atividade do sistema nervoso autônomo simpático nesse momento. Outro dado importante é que a PFK-1 possui, em sua estrutura, sítio regulador influenciado pelo cAMP.

Embora a via glicolítica não apresente fluxo aumentado porque a fibra muscular não está se contraindo, a atividade da PFK-1 fica mais sensível a pequenos aumentos de seus moduladores alostéricos positivos durante a realização do exercício físico. De fato, o aumento na concentração intracelular de AMP, em razão do elevado consumo de ATP pelo exercício físico intenso, promove ativação da PFK-1 com concomitante modulação negativa da atividade da FDPase. Além disso, a frutose-2,6-difosfato é um potente ativador da PFK-1 e inibidor da FDPase.

A frutose-2,6-difosfato é produzida e degradada pela enzima bi-funcional fosfofrutoquinase-II (PFK-II)/frutose-2,6-difosfatase. Existem relatos de que a concentração intramuscular de frutose-2,6-difosfato de ratos é aumentada pelo exercício físico intenso. Entretanto, há muitos dados controversos sobre o papel desempenhado por esse metabólito no controle da atividade do ciclo de substratos envolvendo PFK-1/FDPase. Portanto, o aumento da concentração intramuscular de AMP e possivelmente de frutose-2,6-difosfato durante a realização do exercício físico intenso faz que ocorra elevação na velocidade do fluxo de substratos pela via glicolítica, contribuindo decisivamente para a facilitação dos processos envolvidos na liberação de energia durante a realização da atividade física.

A insensibilização é o meio desencadeado pela célula quando o estímulo se torna repetitivo ou sua intensidade não se modifica. Em termos moleculares e enzimáticos, é comum a avaliação do km de enzimas para verificar se estão com essa propriedade comprometida. Por exemplo, uma enzima que necessita mais que o normal de substrato, ou um receptor que precisa mais de estímulo é porque se encontram insensibilizados.

Em função do que foi exposto anteriormente, é totalmente previsível que, se a sensibilidade das enzimas que compõem os ciclos de substratos for reduzida quando houver mudanças na concentração dos agentes reguladores de suas atividades, pode ocorrer diminuição na velocidade máxima dos ciclos a que pertencem. Nesse sentido, pode-se falar em insensibilização dessas enzimas aos seus moduladores alostéricos positivos ou perda de afinidade pelos seus substratos. De fato, o treinamento físico impõe alterações específicas a alguns componentes enzimáticos de alguns ciclos de substratos. Por exemplo, as atividades da PFK-1, da FDPase e da glicogênio fosforilase são diminuídas pelo treinamento físico com exercício prolongado. Em experimentos realizados por Blomstrand et al., foi demonstrado que a atividade da PFK-1 é reduzida em 30%, enquanto a da α-cetoglutarato desidrogenase é aumentada em 90% pelo treinamento de potência aeróbia.[180] Newsholme observou que a FDPase tem atividade elevada no músculo de velocistas, mas não é detectada no de fundistas. A atividade da glicogênio fosforilase é reduzida pelo treinamento com exercício prolongado em músculos de ratos constituídos por fibras do Tipo IIb.

Todos esses experimentos demonstram que, à medida que o treinamento se prolonga, maior é o seu efeito inibitório sobre a atividade das enzimas PFK-1, FDPase e glicogênio fosforilase muscular, podendo resultar em queda na sensibilidade dos ciclos de substratos e de interconversão enzimática a que pertencem, reduzindo, com isso, a velocidade dos processos liberadores de energia na via glicolítica desse tecido, assim como o próprio catabolismo de carboidratos. A queda na atividade da glicogênio fosforilase pelo treinamento físico prolongado demonstra que há menor efeito de catecolaminas sobre seus receptores localizados no sarcolema, uma vez que o aumento da atividade dessa enzima depende da produção de cAMP e Ca^{2+}, ambos aumentados no citoplasma pela ação desses hormônios sobre os seus receptores β-adrenérgicos. Existem evidências de que o treinamento físico modifique negativamente o processo de liberação de Ca^{2+} do retículo sarcoplasmático durante o exercício físico. Dessa forma, pode-se dizer que existe a possibilidade de os ciclos de substratos presentes na via glicolítica e glicogenolítica também serem insensibilizados pelo treinamento intenso envolvendo exercícios de curta duração em longo prazo.

À medida que o treinamento se prolonga, maior é o seu efeito inibitório sobre a atividade das enzimas PFK-1, FDPase e glicogênio fosforilase muscular, podendo resultar em queda na sensibilidade dos ciclos de substratos e de interconversão enzimática a que pertencem, reduzindo, com isso, a velocidade dos processos liberadores de energia na via glicolítica deste tecido, assim como o próprio catabolismo de carboidratos.

Terceira parte

ABORDAGENS

15 Introdução
Enfoques de investigação

Do que foi exposto até aqui, conclui-se que existem quatro maneiras ou enfoques na investigação de problemas biológicos, resumidos nos itens a seguir:

- reducionismo e mecanicismo;
- holismo;
- sistemas;
- complexidade.

Os três últimos itens podem ser descritos como tentativas de superar o primeiro. Reducionismo pode ser definido como procedimento em que se procura reduzir ou eliminar ao máximo as conexões existentes entre as partes em um sistema complexo. Como essa abordagem mostrou-se incapaz de solucionar problemas complexos com a estratégia de se encontrar causas isoladas para eles, originando como consequência soluções estatísticas ou probabilistas, filósofos que se postaram contra o reducionismo foram denominados previamente holistas.

Essa abordagem propõe olhar um fenômeno complexo de forma integral, e não como uma coleção de partes interatuantes. Além disso, para considerar um fenômeno complexo de modo geral, para os holistas, este deve ser visto como único, isto é, como algo basicamente simples ou homogêneo. Contudo, essa visão negligencia um aspecto essencial das entidades complexas, que são essencialmente compostas por partes distintas, mesmo estando conectadas.

A proposta alternativa denominada visão sistêmica considera que as partes interagem constantemente, dificultando a estratégia de fragmentação na compreensão de problemas ou de fenômenos. Nessa perspectiva, as partes configuram níveis que se apresentam unidos entre si por meio de correlações de longo alcance ou sistêmicas e de curto alcance ou microscópicas. Portanto, ao contrário do reducionismo, a visão sistêmica impõe que devemos considerar a interação existente entre as diversas partes constituintes do organismo para podermos compreender seus fenômenos e resolver problemas. Essa visão de organismo foi denominada previamente por Bertalanffy "concepção organísmica", que mais tarde passou a se chamar Teoria Geral dos Sistemas.[181] Essa abordagem reconhece a importância das partes e suas conexões, mas é criticada por aceitar que sistemas complexos são organizados hierarquicamente.

Um dos primeiros a levantar as limitações do holismo foi Arthur Koestler, com a sugestão do termo *holon* para as partes de um sistema, pois incorpora ao mesmo tempo a ideia do todo e da parte, sugerindo com isso que as partes possuem características autoafirmativas e integrativas de forma simultânea.

A divisão do treinamento nas três fases, geral, específica e transição e períodos de treinamento, competições e descanso, são outros exemplos de aplicação do modelo hierárquico no TFE (treinamento físico-esportivo).

Em termos esportivos, reducionismo aparece em suas discussões enfatizando relações entre determinado fator e o problema investigado, enquanto hierarquia aparece na discussão de fadiga, por exemplo, quando se sugere a primazia de determinadas estruturas ou conjunto destas como responsáveis primárias pela perda da capacidade de sustentar o esforço físico extenuante, como no caso da fadiga central ou periférica. Alguns pesquisadores, como Noakes, sugerem que a fadiga é resultante de mudanças centrais e que fatores periféricos são secundários na explicação do problema.

Hierarquia é empregada, portanto, enfatizando a importância maior de alguns constituintes sistêmicos, relativizando o papel desempenhado pelos demais. Além disso, decorre dessa afirmação a noção de que algumas partes podem ser subordinadas, cuja orientação sempre se dá do alto para baixo, e nunca o contrário. Por exemplo, há algum tempo afirmou-se que, quando o baço é retirado do organismo humano, este poderia viver perfeitamente bem sem a sua presença. Hoje, com novos avanços no conhecimento sobre a funcionalidade desse órgão, sabemos que muitos problemas podem ocorrer sem sua presença no organismo, principalmente em termos imunitários e no que diz respeito à retirada de células envelhecidas da circulação.

Na concepção sistêmica de organismo, as interações dinâmicas entre seus componentes foram denominadas regulações primárias. Nestas, ao contrário das secundárias, não se notava, na época de sua proposição, a presença de mecanismos especificamente envolvidos. Mais recentemente, essa forma de regulação foi ampliada em termos cibernéticos, com seu mecanismo sendo definido hoje por *feedwithin*. Como o *feedback* ou realimentação é o principal meio utilizado pelas partes dos sistemas para se comunicarem entre si, ainda não podemos afirmar que a ideia de mecanicismo esteja totalmente isenta na Teoria Geral dos Sistemas.

Uma utilidade para o modelo hierárquico foi descrita por Herbert Simon quando enfatizou que "as hierarquias foram as únicas em termos biológicos que tiveram tempo para evoluir". Ele defendeu essa afirmação alegando que, em termos evolutivos, seria muito dispendioso iniciar um projeto biológico a partir do nada, toda vez que a natureza buscasse inovações, mostrando que ela segue em frente inserindo modificações em planos preexistentes nas formas biológicas, como na técnica de construção de carros novos, que apenas apresentam pequenas variações em padrões preexistentes. Também em linhas de montagem, hierarquizar a linha de produção agiliza o processo. No organismo, entretanto, há possibilidade de que as interferências no comportamento de seus constituintes não sejam unilaterais, como na linha de montagem de uma fábrica, e o ambiente natural não é controlado de maneira rígida como neste. Há também, em termos evolutivos, a possibilidade de que partes de um organismo aparentemente sem utilidade passem por modificações e adquiram funções não previsíveis, como foi discutido por Gould com a sugestão do termo exaptação para esse fenômeno.

Teorias são como modelos da realidade, mas não se confundem com esta, como afirmou Mario Bunge. Assim, não se devem confundir os modelos aqui discutidos como se fossem, de fato, a realidade que nos rodeia. Basta lembrar que praticamente todas as teorias propostas até agora foram constantemente substituídas. Uma teoria deverá ser escolhida se for capaz de solucionar os problemas pretendidos.

Foi sugerido por Bourguignon que ao longo da filogênese a subordinação se estabeleceu em sentido inverso ao que supomos vigorar no organismo. De fato, as propriedades das macromoléculas dependem das da molécula, que dependem das dos átomos etc. O mesmo ocorre com o sistema nervoso central, cujas propriedades dependem dos neurônios. Para Bourguignon, portanto, se há subordinação nos dois sentidos, de cima para baixo e de baixo para cima, os componentes do organismo não são hierarquizados no sentido estrito do termo. O exemplo mais marcante dessa afirmação envolve a interação constante entre as etapas catabólicas e anabólicas do metabolismo celular. O catabolismo favorece a produção de energia e precursores de biomoléculas, enquanto o anabolismo favorece a atividade catabólica por meio da síntese de biomoléculas, por exemplo. A própria noção de organismo enquanto sistema aberto contraria a noção de organização hierárquica, já que há interação constante entre este e o seu meio ambiente.

Como o meio ambiente é inconstante e a organização estritamente hierárquica é rígida e inerte, dificilmente a vida como a conhecemos poderia perdurar à menor agitação e às incessantes flutuações metabólicas e fisiológicas decorrentes, por exemplo, do estímulo do exercício físico no processo de TFE, da altitude, do calor excessivo e da aridez dos desertos. Portanto, segundo Bourguignon,[182] se há hierarquias no ser vivo estas são emaranhadas formando uma rede de interações. Outro problema evidente na noção de hierarquia é que ela impõe limitações no grau de complexidade do comportamento coletivo dos componentes do sistema.[8] Entretanto, em razão das interações não lineares frequentes entre esses componentes, essas restrições são apenas parciais nas organizações biológicas e sociais.

Outros fatos que relativizam a noção de hierarquia são as interações laterais ou paralelas que possibilitam aos processos de controle sistêmico ultrapassar as restrições hierárquicas. De fato, na organização biológica são comuns na sua configuração organizacional diversas interações paralelas, por exemplo, na organização do metabolismo celular.

Outras propriedades reconhecidas de organismos que caracterizam sua organização que são incompatíveis com a noção de hierarquia são a redundância e degeneração (caráter estrutural) e a fidedignidade (caráter funcional).[4] Os dois primeiros conceitos ressaltam que sistemas biológicos são constituídos por estruturas diferentes ou equivalentes e com propriedades funcionais distintas ou semelhantes. Esses conceitos descrevem a organização sistêmica como expressa na conciliação entre a redundância máxima (todos os componentes são equivalentes) e na redundância nula (diversidade máxima de componentes – nenhum componente se equivale).[4]

As células do corpo possuem praticamente a mesma estrutura metabólica, mas desempenham funções diferentes dependendo do tecido em que se encontram. Além disso, em caso extremo, algumas estruturas podem assumir as funções de outras em caso de danos sofridos. Estruturas diferentes realizando a mesma tarefa ou que fornecem o mesmo produto final foram denominadas estruturas degeneradas.[184] Por exemplo, apesar de ser degenerado, o código genético não é ambíguo, porque um determinado aminoácido pode ser produzido por diferentes códons, mas nenhum códon produz diferentes aminoácidos.

Outros exemplos são as estruturas em redes presentes em sistemas fisiológicos que também permitem alternar vias que podem ser usadas para atingir a mesma função, denominada pela Teoria dos Sistemas de equifinalidade.[136] Assim, mudanças fisiológicas que resultam do envelhecimento podem não exercer efeitos drásticos na vida diária de um indivíduo. Contudo, essas mudanças podem se tornar importantes progressivamente em razão da demanda imposta ao sistema, por exemplo, quando o organismo se confronta com altos valores de estresse, o que dificulta processos de ajustes eficientes de se manifestarem, podendo, inclusive, desenvolver doenças, como no caso da síndrome de *overtraining*.

Além disso, durante a juventude, grandes quantidades de sistemas fisiológicos interagem para produzir comportamentos altamente complexos (como na frequência cardíaca), possivelmente relacionados com altos valores de condição física. Com o envelhecimento, entretanto, muitas variáveis fisiológicas e suas interações são perdidas, resultando em comportamento menos complexo que retrata declínio na funcionalidade sistêmica.[13] Assim, redundância e degeneração, isto é, a repetição de um módulo estrutural entre seus diversos constituintes, são atributos importantes na efetivação da complexidade inerente aos processos orgânicos e celulares.

Outros exemplos de estruturas redundantes no organismo são os pulmões, os rins e o fígado, porque é possível retirar partes desses órgãos sem prejuízo evidente. Mas é o cérebro, com toda a certeza, que possui a maior redundância e degeneração estrutural. Essa estratégia deve ser vista como meio disponível que reduz a possibilidade de ocorrência de um erro fatal em sistemas, além de conferir flexibilidade estrutural. Um exemplo parecido retirado da tecnologia e que explicaria a importância dessa organização sistêmica são os geradores de energia, que são ligados automaticamente com o término súbito do fornecimento de energia.

A fidedignidade do sistema exprime sua resistência às perturbações aleatórias, ao ruído. É um dos aspectos fundamentais da complexidade do sistema, de seu grau de organização. Quanto maior é, mais baixa é a probabilidade de ocorrência de erros, sendo sua complexidade quantificada pelo número de linhas de interações efetivas existentes entre as partes que configuram a estrutura sistêmica. A fidedignidade responde, portanto, pela tentativa feita em Fisiologia quando se propõem termos como homeostase, alostase e reostase, por exemplo, discutidos previamente, como meio de o organismo resistir às perturbações por estímulos. Portanto, processos regulatórios mais os de controle garantem a efetivação da fidedignidade do organismo.

Na curva de DFE (desempenho físico-esportivo), podemos visualizar as consequências do desenvolvimento da complexidade sistêmica e da maior resistência à perturbação por estímulos. Ou seja, a complexidade sistêmica e a fidedignidade resultantes aumentam com o desenvolvimento, principalmente porque partes passam a desempenhar funções mais especializadas e a se comunicar mais efetivamente entre si, o contrário ocorrendo com o envelhecimento. A redundância e a degeneração dessas partes diminuem progressivamente, resultando em menor fidedignidade sistêmica de maneira progressiva. O resultado é a menor capacidade do sistema de corrigir erros e propiciar, como consequência, comprometimento funcional. Por exemplo, durante a gestação, se retirarmos células de um tecido geneticamente programado e as colocarmos no lugar das que têm outra programação, o organismo vai se desenvolver normalmente. Com o passar do tempo, entretanto, qualquer lesão tecidual ocorrida após as partes terem desenvolvido suas funções especializadas diminui essa propriedade de substituição de um tecido ou célula por outro. Apenas alguns poucos órgãos e tecidos, como o cérebro e o fígado, preservam parcialmente essa propriedade. As células-tronco na medula óssea ou as células-satélites no tecido muscular também possuem propriedades parecidas.

Outros exemplos disponíveis sobre a redundância dos componentes orgânicos e celulares encontram-se disponíveis. Por exemplo, muitos neurônios morrem diariamente e são substituídos por células de sustentação que não exercem efeitos semelhantes aos das que foram substituídas, e isso não compromete o comportamento do sistema porque existem inúmeras células que podem substituir as funções das que foram perdidas. O mesmo se verifica com as células do tecido epitelial, que morrem diariamente sem que suas perdas sejam minimamente percebidas.

O fígado não possui somente capacidade de produzir glicose a partir de carboidratos. Os rins podem desempenhar outras funções além das que normalmente fazem, como produção hormonal. Até mesmo o músculo esquelético, que não possui uma enzima importante presente no fígado que promove a liberação de glicose para o meio extracelular, denominada glicose-6-fosfatase, pode, mesmo em quantidades irrisórias, liberar glicose para o sangue quando o catabolismo de seu glicogênio se torna bastante elevado ou a glicose consumida não é devidamente utilizada pelo metabolismo intermediário. O cérebro, em condições extremas, pode utilizar lipídio como substrato energético na forma de corpos cetônicos e, em condições normais, somente pode valer-se da glicose para isso. Portanto, é importante que o organismo possua diversidade e flexibilidade estrutural e funcional em seus componentes, mesmo que esta última seja progressivamente limitada pela crescente especialização orgânica e tecidual que acompanha a ontogênese. Além disso, cogitamos neste livro que a especialização precoce no TFE pode limitar essas propriedades de organismos, reduzindo o potencial de treinabilidade em longo prazo.

O grau de redundância é considerável em muitos sistemas fisiológicos e metabólicos de organismos superiores, como os seres humanos, que possuem massa muscular, circuito neuronal, néfrons e reservas hormonais acima do necessário à sobrevivência. Isso cria uma espécie de reserva que possibilita aos indivíduos compensar efetivamente as mudanças ocorridas, por exemplo, com o envelhecimento.

Apesar de os conceitos previamente comentados serem incompatíveis com a noção de hierarquia, o que mais impõe dificuldades na sua aplicação aos organismos denomina-se propriedade emergente (Figura 2). As propriedades emergentes surgem de duas formas.

- Muitas propriedades de sistemas resultam das interações entre suas partes.[183] Como exemplo, a memória e as emoções, que emergem de interações entre 1012 células nervosas com suas 1015 conexões, são reconhecidas como estando ausentes em células isoladas ou mesmo em um pequeno grupo de células.

- As propriedades emergentes surgem porque as agregações apresentam propriedades coletivas que não existem nas suas unidades individuais.
- A evolução das espécies emerge de populações que dependem da variação nas taxas de nascimento e de morte, as quais surgem como resultado das diferentes expectativas de vida e do sucesso reprodutivo dos indivíduos nas várias populações.
- O desempenho físico emerge da interação dinâmica de diversos componentes do organismo, e não de apenas poucos destes. Contribuem, para tanto, a energia liberada de substratos bioenergéticos e a armazenada em elementos não contráteis do músculo esquelético, assim como fatores genéticos e do próprio treinamento, dentre outros. A própria fadiga decorrente do exercício físico intenso emerge dessa forma.

O TFE, com base na especialização e organização hierárquica, promove no metabolismo celular diversas modificações caracterizadas anteriormente por insensibilização, redução na síntese proteica e perda de capacidade no ajustamento metabólico e fisiológico, resultando possivelmente em menor redundância, degeneração e fidedignidade. A tese deste livro é a de que tanto a fadiga como a barreira no desempenho físico ocorram em virtude dessas alterações induzidas no organismo pelo TFE. A hipertrofia de determinadas estruturas e processos com perda de controle e regulação devida, por exemplo, a menor relação resultante entre superfície e volume celular ou entre estruturas e processos, pode ser fator importante a serem considerado quando se investigam questões sobre DFE.

16 O modelo de rede e a complexidade sistêmica

A complexidade inerente às entidades biológicas e os problemas do reducionismo, assim como as limitações do holismo e da teoria dos sistemas, fez que se desenvolvessem alternativas como a *Teoria da Complexidade*. Essa teoria é descrita como "o estudo de sistemas compostos por várias partes diferentes que interagem de maneira complexa e não linear". Para considerarmos algo complexo são necessários:

- duas ou mais partes ou elementos diferentes;
- essas partes devem de alguma forma estar conectadas, de maneira que seja difícil separar uma da outra; a Teoria da Complexidade tem sido aplicada na compreensão do envelhecimento, a qual afirma que, em razão da queda progressiva na funcionalidade de vários tecidos e órgãos com a idade, assim como da interrupção de vias de comunicação entre ambos, redes fisiológicas complexas podem entrar em colapso, tornando-se desconectadas, com perda progressiva na capacidade de ajustamento sistêmico aos estímulos ambientais.

Para Lipsitz,[14] quanto mais complexo for o sistema (isto é, quanto mais partes interatuantes possuir em escala de tempo e espaço diferente), melhor será sua funcionalidade. Essa afirmação deve levar em conta o princípio que é conhecido por Lei da Variedade Indispensável de Ashby; ou seja, que a variedade não pode ser elevada infinitamente ou reduzida abaixo de determinado valor, pois o sistema pode entrar em colapso ao menor estímulo estressante nessa condição. Mesmo assim, pode-se dizer que, em termos fisiológicos, quanto maior for a complexidade de um sistema, maior será a possibilidade de ajustamento disponível, enquanto que quanto menor for a complexidade sistêmica, maiores serão as chances de desenvolvimento de doenças, envelhecimento precoce e aparecimento da barreira de desempenho físico.

Alguns exemplos de estruturas que diminuem em quantidade com o envelhecimento são: neurônios, trabécula óssea, glomérulo e fibras elásticas ou papilas dermais e capacidade oxidante muscular. Além disso, processos fisiológicos que perdem complexidade com o envelhecimento incluem: frequência cardíaca, pressão sanguínea, débito cardíaco e dinâmica respiratória. Entretanto, durante o processo de envelhecimento não ocorre apenas queda nos componentes estruturais e funcionais do organismo: existe também a possibilidade de que alguns componentes do organismo se elevem durante esse processo. O fundamental na teoria da complexidade não é a atrofia ou a hipertrofia de componentes como fatores mais importantes na organização sistêmica, mas as modificações nas interações resultantes dessas alterações, como no caso da superfície e do volume citados, modificados pela hipertrofia.

A Ciência da Complexidade deve ser construída ou entendida como a ciência que não utiliza nem procedimentos reducionistas nem holistas. Ou seja, o estudo da complexidade demanda a transcendência da polaridade holismo-reducionismo. Portanto, para entendê-la, devemos reconhecer, no sistema complexo, que partes existem e são distintas, mas que permanecem conectadas dando sentido à complexidade sistêmica, e que o comportamento resultante pode revelar modificações indicadoras de mau funcionamento sistêmico por meio da perda de complexidade.

Essas afirmações ficam mais claras com as noções de complexidade sistêmica de Winiwater (citado por Burguignon). Para ele, a complexidade sistêmica depende de quatro atributos, sendo os três mais importantes:

- grande variedade de componentes dotados de funções especializadas;
- grande variedade de relações entre os componentes traduzidas pela conectividade;
- forças interacionais entre os sistemas.

A complexidade de um organismo, portanto, relaciona-se com sua heterogeneidade estrutural-funcional especializada, mas com presença de alta capacidade de comunicação entre todas as suas partes constituintes. Decorrente desses itens é a noção de rede que foi proposta em oposição à organização hierárquica. A rede pode ser visualizada, de maneira simples, como constituída por nódulos que se encontram unidos por meio das linhas que vão de um ponto a outro. Os nódulos podem ser visualizados como as partes distintas da rede e as conexões as relações que tornam esses elementos unidos. O mesmo pode ser visto de maneira contrária, considerando que as partes são as linhas de conexões e estas se mantêm unidas pelos nódulos da rede. Ou seja, nesse sentido, as linhas podem ser vistas como as partes dos sistemas complexos.

No conceito de rede está implícita a noção de unidade estrutural-funcional, que diz respeito à integridade do organismo mantida por constantes trocas de informações entre as suas diversas partes constituintes. No modelo de rede, observa-se maior importância das interações paralelas ou laterais, resultando em pequena distância entre os subsistemas. Essas afirmações demonstram que os processos regulatórios do organismo resultam de interações dinâmicas de componentes orgânicos e celulares.

Na teoria das redes, portanto, quando nos referimos aos sistemas biológicos, as relações existentes entre os seus componentes fazem as partes e o todo serem difíceis de identificar, assim como níveis de análise. Por exemplo, as células de um organismo possuem várias estruturas que interagem entre si, e essas relações também ocorrem entre células presentes em um mesmo tecido. Em contrapartida, essas mesmas células podem ser afetadas por diversos "fatores" circulantes nos fluidos corporais que interferem positiva ou negativamente sobre as suas atividades. Um exemplo citado é o da Epigenética, que é a disciplina que estuda as interações entre o núcleo celular e seus produtos localizados no citoplasma.

Em razão do exposto anteriormente neste livro, é fácil compreender por que as interações sistêmicas podem resultar em grandes dificuldades na compreensão de determinado fenômeno, principalmente se a explicação se basear em causas isoladas. Por exemplo, se assumirmos que uma influência é exercida sobre uma das partes do sistema, por meio de suas conexões, essa influência se propagará para outros nódulos da rede que configura o sistema. Contudo, como cada nódulo ou conjunto destes possuem posições distintas ou funções particulares na rede, cada um reagirá de maneira diferente ao estímulo. Por exemplo, músculos são constituídos por fibras que exercem a mesma função, porém, em razão das diferenças existentes em suas propriedades mecânicas e metabólicas, o movimento resultante se dá com intensidade diferenciada.

Como existem componentes sistêmicos que apresentam posição estratégica no que tange a possuírem maior número de conexões, Barabasi denominou-os *hub*. *Hubs*, quando modificados no organismo, podem exercer efeitos benéficos ou prejudiciais de forma geral. O ciclo de Krebs no metabolismo intermediário é extremamente importante na regulação do metabolismo celular porque funciona como via anfibólica, isto é, serve tanto como meio de produção de poder redutor intramitocondrial para a fosforilação oxidativa como na produção de intermediários para a formação de biomoléculas. Ou seja, caso ocorra perda de intermediários do ciclo de Krebs ou possível queda na atividade de enzimas reguladoras deste, processos importantes do metabolismo celular podem ser prejudicados.

Essa etapa do metabolismo celular é tão importante para o metabolismo intermediário em exercício físico que muitos pesquisadores investigam atualmente possíveis meios de aumentar seus intermediários por meio de manipulações dietéticas, como o consumo de aminoácidos e carboidratos.[112] Contudo, em termos bioenergéticos, essas estratégias não parecem ser muito efetivas, como comentado anteriormente. Uma possível explicação reside na maior efetividade do ciclo de Krebs em produzir poder redutor acima da capacidade do sistema de transporte de elétrons e fosforilação oxidativa.[188] Portanto, a organização do metabolismo intermediário não ocorre totalmente, como prevista pela simorfose de Weibel.[189] É possível, contudo, que a ajuda anaplerótica se mostre mais adequada na recuperação pós-esforço quando a biossíntese exerce papel mais significativo. Assim, é importante verificar não somente se componentes estão sendo perdidos ou elevados com o TFE (treinamento físico-esportivo), ou qualquer processo durante as interações que o organismo realiza com os estímulos ambientais;

Barabasi[3,186,187] demonstrou tanto teoricamente como em investigação com diversos organismos que existem estruturas e processos que possuem maior ou menor número de conexões, não sendo, nesse caso, o número de conexões entre os componentes sistêmicos uniforme.

deve-se, também, verificar o grau de interação sistêmica apresentado pelos seus componentes afetados negativa ou positivamente por esses estímulos.

A Teoria das Redes/Complexidade, ao considerar aspectos como estrutura e funcionalidade imbricadas numa teia de correlação não hierarquizada, mostra-se, dessa forma, como um paradigma alternativo aos modelos lineares e simplificadores, sendo aplicada por diversos pesquisadores e profissionais para solucionarem seus problemas, como médicos, fisiologistas, bioquímicos e psicólogos, porque é uma teoria científica desenvolvida principalmente por matemáticos. Outros conceitos importantes para a teoria da complexidade são os de criticalidade auto-organizada e fenômenos críticos. Fenômeno crítico significa, para Bak,[190] um momento de grande instabilidade exibido pelo sistema e que se manifestará principalmente se o grau de interação entre as partes conferir ao sistema certo nível de complexidade. Portanto, estímulos externos ao organismo ou a um sistema complexo, cujas partes se encontram com seus canais de comunicação funcionais, podem levá-los ao estado crítico, com a possibilidade de ocorrência de eventos raros.

O ponto crítico é uma zona de grande instabilidade sistêmica; basta um pequeno estímulo para que o sistema mude seu comportamento de modo geral. Os estados críticos que ocorrem espontaneamente, sem intervenção externa, foram denominados criticalidade auto-organizada. Esse fenômeno parece ocorrer quando as partes do sistema se afastam lentamente do equilíbrio e em que as ações de cada parte individual são dominadas pelas interações com as demais partes do sistema. No caso do organismo vivo, em razão da rede formada por células em tecidos e órgãos, uma pequena modificação interna é capaz de propagar-se pelo sistema, com a possibilidade de sua destruição integral, de causar um trauma pequeno ou de não ter efeito algum. O valor do efeito vai depender do grau de interação presente nas partes do sistema, assim como do valor da intensidade do estímulo.

Para que o desempenho físico sofra modificações positivas nessa teoria, é preciso que o organismo tenha seu estado de desequilíbrio ampliado pela sobrecarga do exercício físico e que este apresente elevação na eficiência bioener-

No modelo de rede e na organização sistêmica de Winiwater, está implícito que qualquer modificação ocorrida na dinâmica interacional das partes constituintes do organismo, pode resultar em perda de complexidade e menor capacidade de o organismo se ajustar aos estímulos do ambiente ou em responder com regeneração positiva se o objetivo for elevar a sua capacidade funcional. Ou seja, em qualquer modificação exemplificada por atrofia ou hipertrofia de componentes, assim como na perda de capacidade interativa das partes do sistema, pode ocorrer desorganização na funcionalidade dos constituintes do organismo.

gética durante processos de biossíntese no repouso. Presume-se que, se esse comportamento se encontrar reduzido, seja possível que esteja ocorrendo perda de complexidade sistêmica em paralelo. Fenômenos dessa natureza podem ser quantificados por meio da mensuração da não estacionaridade e da não linearidade constatados em variáveis fisiológicas e metabólicas, estando o organismo em repouso ou em exercício físico. A variabilidade intrínseca pode ser exemplificada pelo comportamento das variáveis do organismo, como temperatura, pressão, glicemia, atividade metabólica, atividade elétrica tecidual, substratos enzimáticos, frequência cardíaca e assim por diante, que geralmente se encontram sob constante variação, o que justifica a adoção do termo alostase, previamente apresentado, para descrever a funcionalidade do organismo de modo geral.

Pesquisas recentes têm considerado a resposta de sistemas saudáveis (por exemplo, a frequência cardíaca), como variada e associada com correlações de longo alcance, além de classes distintas de interações não lineares entre componentes sistêmicos. Outro atributo do comportamento de sistemas complexos associado à variabilidade intrínseca é que seu comportamento é multiescalar não linear do tipo fractal, que parece degradar-se de um modo particular com a doença e a idade, reduzindo a capacidade de ajuste do organismo ao seu ambiente, porque queda na complexidade e grande regularidade nas respostas podem corresponder à autonomia e ao isolamento de seus componentes. Ou seja, sistemas perdem progressivamente, nessa condição, elos entre os componentes sistêmicos. Em termos bioenergéticos, e como descrito antes, é possível que essa condição possa causar queda na eficiência bioenergética.

O comportamento multiescalar não linear do tipo fractal, que parece degradar-se de um modo particular com a doença e a idade, reduz a capacidade de ajuste do organismo ao seu ambiente, porque queda na complexidade e grande regularidade nas respostas podem corresponder à autonomia e ao isolamento de seus componentes. Ou seja, sistemas perdem progressivamente, nessa condição, elos entre os componentes sistêmicos.

A variabilidade intrínseca como uma propriedade inerente aos sistemas que operam em desequilíbrio depende de processos de trocas de informações sistêmicas, como já comentado. De fato, esse fenômeno ocorre porque qualquer modificação ocorrida no padrão de comportamento de uma ou mais variáveis do sistema em razão de um estímulo qualquer, pode resultar em resposta rápida de partes ou conjuntos de partes direta ou indiretamente envolvidas na tentativa de manter a dinâmica de variação interna. Além disso, segundo biólogos estudiosos da filogênese, todas as modificações ocorridas no organismo ao longo da evolução das espécies ocorreram com o intuito de tornar mais difícil a manifestação de desequilíbrio fisiológico pelos estímulos ambientais.

Pesquisas demonstraram que o choque epiléptico e o ataque cardíaco representam, ao contrário do que se pensa, diminuição na variabilidade inerente aos processos cerebrais e cardíacos; estudos neurofisiológicos e cardiovasculares demonstraram que a variabilidade intrínseca deve ser vista como sinônimo de saúde, enquanto a estabilidade excessiva, como sinal de doença. De fato, segundo Lipsitz,[191] a diminuição na variabilidade intrínseca em virtude da acentuação na periodicidade pode estar associada ao aparecimento de doenças; em termos genéticos, ser puro - homogêneo - é sinônimo de ser pobre, porque uma população dotada de contribuições genéticas variadas tem condições de estar mais bem-situada do que uma população empobrecida. Ou seja, embora se tornem progressivamente puros, em longo prazo, a variabilidade genética, quando diminuída, pode resultar em perda da capacidade de procriação dessa população ou de adaptação e ajuste ao meio ambiente.

Várias reações metabólicas são catalisadas por enzimas controladoras de fluxo metabólico, e isso as torna capazes de controlar as concentrações e a velocidade do fluxo de substratos presentes nas diversas vias metabólicas existentes na célula. Além disso, foi demonstrado que essas enzimas são responsáveis pela existência de oscilações temporais nas concentrações dos metabólitos intracelulares e na velocidade dessas vias. Portanto, essas oscilações presentes no metabolismo celular também estão envolvidas com o fenômeno da variabilidade intrínseca; sabemos que as concentrações hormonais não são fixas no organismo o tempo todo; na verdade, podem se modificar espontaneamente ou sob a influência de vários fatores: alimentação, estresse, envelhecimento, exercício físico, condições ambientais etc.

Séries temporais, como a frequência cardíaca, consideram registros de dados de variáveis levando-se em conta a possibilidade de existência de escala no espectro obtido. Além disso, cada vez que o experimento é conduzido, os valores do registro podem ser diferentes, principalmente se exibirem comportamento caótico. O ponto essencial é a consideração de que, nessa análise, há a

Para os pesquisadores da TC (teoria da complexidade), presença de variabilidade intrínseca no organismo é vantajosa para a organização espaçotemporal das suas diversas partes constituintes, predição pelo sistema no caso de os estímulos ambientais serem repetitivos, eficiência e precisão no controle de variáveis fisiológicas e bioquímicas, sensibilização prévia dos processos geradores de energia, auto-organização e eficiência.

possibilidade de presença de informações sobre a funcionalidade dos componentes do sistema. Nos sistemas que exibem regularidade estrutural ou funcional em suas variáveis e que demonstram lei de potência com ausência de escala típica, o padrão de distribuição temporal dos dados obtidos demonstra dimensão fracionada.

Curiosamente, foi descrito e extensamente discutido por Garcia-Manso et al.[192] que corredores de longa e média distância, quando a velocidade média em uma dada distância é tomada, ou o tempo gasto para cobrir essa distância, encontra-se lei de potência do seguinte tipo: $v = cd^{-\alpha}$; em que o valor da constante (c) ou do expoente varia com a condição física ou o tempo de treinamento do atleta - d representa a distância percorrida. Fenômenos desse tipo puderam ser vistos em cada grupo de atletas, independentemente das características individuais, e não demonstram escala definida: com a mudança de escala, não se verificou alteração estatística na resposta. Segundo Bak, previamente discutido, é reconhecido atualmente que sistemas que se comportam dessa forma podem exibir com frequência fenômenos de criticalidade organizada, em que um pequeno estímulo estressante pode induzir o sistema à mudança drástica de comportamento. O significado disso para o desempenho físico ainda precisa ser estabelecido melhor.

Fractais podem aparecer por diversas razões e de forma imprevisível: em dinâmicas caóticas, processos de crescimento ou evolução e assim por diante. Fractais podem ser categorizados em dois diferentes grupos: objetos sólidos e atratores estranhos. O primeiro tipo inclui objetos físicos que existem no espaço físico. O segundo, por sua vez, relaciona-se com objetos conceituais que existem no espaço de fase de sistemas caóticos dinâmicos. Se o registro do sinal de variáveis fisiológicas revelar comportamento caótico, estará inserido no segundo exemplo. Para identificar comportamento caótico em séries temporais é preciso utilizar procedimentos que não serão descritos aqui.

Segundo Melendez et al.,[193] estruturas do mundo físico com característica fractal de construção mostram repetições do mesmo fator iniciador. Assim, os termos que definem o processo de construção na Geometria fractal são os de autorreferência e autossimilaridade, porque a estrutura deve ter geralmente a mesma aparência, independentemente da escala de medida em que é observada, e deve ser determinada pela iteração de certo algoritmo.* Grande variedade de estruturas possui essa característica, incluindo árvores, brócolis, couve-flor, formações de coral, costa marítima e montanhas. No organismo, certo número de estruturas pulmonares, artérias e veias, dentre outras, também possuem formato semelhante.

Do ponto de vista mecanicista, essas estruturas orgânicas autossimilares espacialmente distribuídas podem favorecer a comunicação rápida entre componentes sistêmicos, como o sistema circulatório, o respiratório e o digestório. Além disso, o conceito de fractal também pode ser usado para avaliar o comportamento de séries temporais, já que os sinais captados podem demonstrar flutuações que seguem um algoritmo mais ou menos constante. A apreciação quantitativa da natureza autossimilar de processos fisiológicos pode ser obtida colocando-se em gráfico suas flutuações em diferentes resoluções temporais, como no caso da frequência cardíaca de indivíduos saudáveis e não saudáveis sob três escalas de tempo. Já foram constatadas flutuações caracteristicamente fractais na pressão sanguínea sistêmica, no ritmo da caminhada, na produção de células brancas, na cinética de transportadores de certos íons, na frequência cardíaca e no consumo de oxigênio.

Na teoria da complexidade, dinâmica estável e regular em variáveis fisiológicas ou seu comportamento extremamente aleatório podem provocar quebras de estruturas e processos, resultando em doença (por exemplo, câncer) ou estresse duradouro em virtude da menor comunicação existente entre os componentes sistêmicos. De fato, o aparecimento de dinâmica periódica em muitas variáveis fisiológicas tem sido relacionado com doença em virtude da perda de complexidade.

Perda de complexidade, portanto, pode ser verificada tanto em termos quantitativos como em qualitativos. No primeiro caso, ocorre perda de componentes; no segundo, redução na comunicação entre eles. Em termos biológicos,

Para se compreender a Geometria fractal, deve-se recordar inicialmente que as formas geométricas clássicas têm dimensões íntegras (1, 2 e 3, respectivamente, para linha, superfície e volume), enquanto as fractais têm dimensão fracionada. Isso não quer dizer que uma estrutura fractal tridimensional deixa de ocupar três dimensões no espaço; o conceito de dimensão fracionada é apenas um meio mais preciso para se calcular a superfície ou volume da estrutura.

* Algoritmo representa a solução para um problema por meio de sequência de passos que mostrem a solução no final como uma receita de bolo, sendo iteração a repetição indefinida da mesma coisa.

o fenômeno se manifesta por meio de insensibilização proteica ou redução na sua síntese, resultando em baixa na redundância e degeneração ou, então, queda na fidedignidade e na eficiência bioenergética. O TFE, por meio da sobrecarga e da especialização, promove, como já exposto, insensibilização ou queda na quantidade de enzimas do metabolismo celular, menor responsividade de receptores hormonais e menor resposta de transportadores de cálcio no retículo sarcoplásmico. Outros exemplos incluem modificações na variabilidade ou regularidade da frequência cardíaca em razão do *overtraining*. Já foi demonstrada queda na variabilidade da frequência cardíaca à medida que a intensidade do exercício se aproxima do máximo.

A característica primária dos organismos, portanto, prevista e explicada pela Teoria da Complexidade, é o comportamento de variáveis internas de maneira irregular, em virtude da ocorrência de interações entre seus componentes, além de possíveis efeitos ambientais. De acordo com achados da Geometria fractal já comentados, essas interações constantes entre componentes sistêmicos ocorrem por meio de conexões que se aplicam a todas as escalas de espaço ou tempo. Quanto ao sistema endócrino, existem evidências, por exemplo, de que as concentrações plasmáticas de hormônios como a testosterona estejam reduzidas com o exercício contínuo intenso e prolongado; é razoavelmente bem-sabido que o exercício intenso provoca modificações negativas na funcionalidade do sistema imunitário; o contrário ocorre com o exercício a 50% do VO_2máx (consumo máximo de oxigênio), e, além disso, atletas apresentam modificações no comportamento com o treinamento excessivo.

Esse padrão de comportamento também se verifica nos parâmetros de algumas doenças recém-estudadas. Essas doenças são caracterizadas por marcante queda na complexidade relativamente ao estado saudável. Em outras palavras, os sistemas fisiológicos tornam-se menos ajustados ou ajustáveis, impondo restrições à sua capacidade de responder adequadamente às constantes mudanças ocorridas no meio ambiente. Além disso, para gerar informação ou interpretar estímulos, um sistema precisa ser capaz de comportar-se de maneira não previsível, porque um sinal repetitivo não possui informação que já não seja conhecida.

Quanto a esse tema, apesar de pouco considerado por profissionais do exercício físico, verifica-se mais recentemente intenso interesse, principalmente no que diz respeito à variação da frequência cardíaca, que se encontra grandemente reduzida no exercício físico intenso.[10] Foi constatada em alguns casos, mesmo sem importância epidemiológica, até mesmo a possível ocorrência de problemas sérios, como morte súbita. Contudo, a Geometria fractal nos ensina que o comportamento fisiológico pode ser muito variado e simples e, ao contrário, pouco variado e complexo. Portanto, a queda na variabilidade de séries temporais fisiológicas e a perda de complexidade não são sinônimos. Pesquisas adicionais são necessárias para se estabelecer a possível perda de complexidade do tipo fractal nessas variáveis com o treinamento ou o exercício físico.

Yun et al.[194] sugeriram que o declínio progressivo na amplitude de variação dos estímulos ambientais a que os organismos são submetidos diariamente possa contribuir para disfunções na saúde e, ao contrário, que a expansão nessa amplitude por meio de possíveis estratégias, como o exercício físico, possa ser benéfica. Os autores realçam que três diferentes sistemas, como o endócrino, o autonômico e o musculoesquelético podem sofrer efeitos negativos, em virtude dessa perda de variação na estimulação ambiental. Com relação à atividade física, foi descrito que a queda na sua variação, como o estresse ambiental propiciado pelas sociedades modernas, em razão do novo estilo de vida que nos oferecem, pode reduzir a amplitude da dinâmica do sistema nervoso autônomo. O resultado esperado é a possível queda na variação da frequência cardíaca e na funcionalidade de vários sistemas orgânicos. Desse modo, recomenda-se que o exercício físico, ao ativar o sistema nervoso autônomo, possa contribuir positivamente para a preservação dessa importante função fisiológica. Entretanto, mesmo com sua prática, pode ocorrer, em longo prazo, repetição monótona de exercícios padronizados, resultando em benefícios pouco evidentes para esse sistema quanto à sua complexidade.

Atividades físicas praticadas de forma repetitiva e executadas monotonamente, sem variação qualitativa e quantitativa, simplificam progressivamente o organismo em termos estruturais e funcionais, prejudicando, em longo prazo, as interações sistêmicas do organismo, que passam progressivamente a dificultar sua interação com o meio ambiente. Está presente nessas afirmações a sugestão de que sistemas saudáveis possuam eficiência bioenergética elevada na linha de comunicação entre as suas partes e os seus processos, e de que esta possa estar prejudicada na doença e na imposição de estímulos repetitivos ao organismo.

Três possibilidades poderiam explicar essas afirmações:

- redução na linha de comunicação entre as partes do sistema;
- queda na eficiência bioenergética mesmo com preservação na linha de comunicação entre essas partes;
- redução no número de partes sistêmicas.

Outra possibilidade que poderia alterar as características dos constituintes sistêmicos e provavelmente da eficiência bioenergética são alterações das características do estímulo induzido nos constituintes sistêmicos. Há algum tempo, foi demonstrado que as fibras musculares poderão ter suas propriedades alteradas se estímulos induzidos sobre elas forem modificados quanto à sua intensidade e frequência. Na verdade, fibras musculares possuem propriedades dependentes das características estruturais e funcionais de seus motoneurônios. Um experimento antigo feito por Henneman comprovou isso com a inervação cruzada, em que a inervação de fibras de contração rápida foi translocada para fibras de contração lenta e vice-versa.

Atividades físicas praticadas de forma repetitiva e executadas monotonamente, sem variação qualitativa e quantitativa, simplificam progressivamente o organismo em termos estruturais e funcionais, prejudicando, em longo prazo, as interações sistêmicas do organismo, que passam progressivamente a dificultar sua interação com o meio ambiente.

A importância da Bioenergética na avaliação da perda de complexidade sistêmica já foi descrita antes. Existem dois fatores bioenergéticos que podem explicar a evolução ou o desenvolvimento estrutural e funcional de sistemas complexos:

- sistemas complexos possuem maior distância do equilíbrio que sistemas simples porque dissipam mais energia e estimulam, como consequência, a sua autocriação (autopoiese);

- a maior dissipação energética é, portanto, uma propriedade normal de sistemas complexos em razão do maior número de interações sistêmicas que estes possuem. O esquema que ilustra esse fenômeno é o da maior complexidade, que gera maior instabilidade, que gera maior complexidade. Mesmo assim, a maior complexidade torna o organismo mais eficiente em termos relativos.

A construção da maior complexidade em organismos é decorrente do seu caráter enquanto sistema aberto. Para compensar a grande dissipação resultante de sua instabilidade sistêmica, organismos interagem constantemente com o meio ambiente e consomem desse material rico em energia livre, que garante a manutenção ou a elevação em sua complexidade e eficiência bioenergética. Ou seja, embora sistemas complexos em exercício físico intenso como o organismo humano possam dissipar grande quantidade de energia, é possível que sistemas abertos elevem sua eficiência durante a biossíntese, já que a eficiência bioenergética é diferente entre catabolismo e anabolismo.

Isso confirma o que já foi ressaltado antes sobre atletas com desempenho superior poderem ser mais dissipativos e menos eficientes no aproveitamento bioenergético durante o exercício físico intenso, mas com a possibilidade de a energia livre ser, em termos relativos, aproveitada melhor para a biossíntese no repouso. Ou seja, para que seus organismos elevem suas funcionalidades por meio de indução de maior complexidade com o treinamento, grande fluxo de entropia deve existir entre o organismo do atleta e o meio ambiente durante o exercício com sua possível redução no repouso.

Considerações finais

Foram discutidos neste livro alguns aspectos teóricos sobre a importância da complexidade orgânica e celular para o TFE (treinamento físico-esportivo) como alternativa à supercompensação e à especialização. Os dois últimos termos respondem, no TFE, por modificações quantitativas no organismo e de forma restrita a determinada capacidade física. Em paralelo, isso propicia desestruturação sistêmica no organismo, facilitando a instauração do fenômeno da barreira de desempenho físico, que é a perda da capacidade do organismo de sofrer os efeitos desestabilizantes do exercício físico, com ocorrência de queda simultânea nos processos responsáveis pela supercompensação ou menor sensibilização prévia de processos metabólicos importantes para a obtenção de energia para a prática do exercício.

Assim, pode-se dizer que, para a supercompensação se manifestar adequadamente, principalmente se o meio ambiente apresentar estímulos estressantes, três condições são impostas:

- o organismo deve apresentar vasta gama de interações em forma de rede nas estruturas celulares, células, tecidos e órgãos;
- exibir processos de ordenação estrutural-funcional espontâneos após a desordem orgânica causada pelo estímulo e;

- constantes modificações na qualidade e na quantidade de estímulos impostos, genericamente denominado, neste trabalho, por Princípio da Variabilidade. No primeiro caso, verifica-se que não basta que apenas alguns processos sejam alterados ou em uma pequena faixa de interação, mas sim, que exista orquestração harmônica de todos os processos envolvidos. Ou seja, quanto mais sistemas e processos participarem do evento da auto-organização, maiores serão as chances de o ajustamento orgânico e celular ocorrer de forma efetiva aos estímulos ambientais.

No caso de o organismo apresentar complexidade estrutural-funcional desorganizada, em que algumas partes se desenvolvem enquanto outras atrofiam, como é o caso do sistema nervoso simpático, comentado neste livro, quando o exercício físico é praticado regularmente e de forma estável, o organismo desenvolve progressivamente um tipo especial de doença denominado "doença dinâmica". Doença dinâmica retrata a presença de desestruturação organizacional no sistema vivo resultante da perda de complexidade sistêmica. Nesse caso, o organismo apresenta-se com dinamismo interacional anormal entre as suas partes constituintes. A noção de doença dinâmica impõe que a prática de atividade física deva ser orientada para a manutenção ou melhoria nas interações existentes entre os componentes do organismo, e não o contrário, em virtude da especialização. Para tanto, é fundamental que se dê mais ênfase ao Princípio da Unidade Estrutural-funcional na prática esportiva e ao Princípio da Variabilidade - qualitativa e quantitativa - de estímulos impostos ao organismo por meio do exercício físico praticado. A tese proposta neste livro é a de que a perda de complexidade possa gerar menor variabilidade em sinais biológicos e que isso deva resultar em queda na eficiência bioenergética por razões fractais.

Referências

1. Noakes TD, St Clair Gibson A, Lambert EV. From Catastrophe to Complexity: a Novel Model of Integrative Central Neural Regulation of Effort and Fatigue During Exercise in Humans: Summary and Conclusions. Br J Sports Med. 2005 Feb;39(2):120-4.

2. Barabási AL. Sociology. Network Theory - The Emergence of the Creative Enterprise. Science. 2005 Apr;308(5722):639-41.

3. ______. Scale-free Networks: A Decade and Beyond. Science. 2009 Jul;325(5939):412-3.

4. Atlan H. Entre o cristal e a fumaça: Ensaio sobre a organização do ser vivo. Rio de Janeiro: Zahar; 1992.

5. Pereira B. Limitações do método científico: implicações para a Educação Física. Rev Paul Educ Fís. 1998;12(2):228-48.

6. Boorse C. Health as a Theoretical Concept. Phil Sci. 1977;44(4):542-73.

7. Hesslow G. Do We Need a Concept of Disease? Theor Med. 1993;14(1):1-14.

8. Batschelet E. Introdução à Matemática para biocientistas. São Paulo: EDUSP; 1978.

9. Stamos DN. Popper, Laws, and the Exclusion of Biology from Genuine Science. Acta Biotheor. 2007;55(4):357-75.

10. Pakenas A, Souza Junior TP, Pereira B. Dinâmica não-linear e exercício físico: conceitos e aplicações. Rev Bras Med Esporte. 2007 Set/Out;13(5):331-5.

11. Noakes TD. Last Word on Viewpoint: Evidence that Reduced Skeletal Muscle Recruitment Explains the Lactate Paradox During Exercise at High Altitude. J Appl Physiol. 2009;106(2):745.

12. Noakes TD. Physiological Models to Understand Exercise Fatigue and the Adaptations that Predict or Enhance Athletic Performance. Scand J Med Sci Sports. 2000;10(3):123-45.

13. Goldberger JJ. Evidence-based Analysis of Risk Factors for Sudden Cardiac Death. Heart Rhythm. 2009;6(3 Suppl):S2-7.

14. Lipsitz LA. Dynamics of Stability: The Physiologic Basis of Functional Health and Frailty. J Gerontol A Biol Sci Med Sci. 2002;57(3):B115-25.

15. Ulmer HV. Concept of an Extracellular Regulation of Muscular Metabolic Rate During Heavy Exercise in Humans by Psychophysiological Feedback. Experientia. 1996;52(5):416-20.

16. Kayser B. Exercise Starts and Ends in the Brain. Eur J Appl Physiol. 2003;90 (3-4):411-9.

17. Weir J, Beck T, Cramer J, Housh T. Is Fatigue All in Your Head? A Critical Review of the Central Governor Model. Br J Sports Med. 2006;40(7):537-86.

18. Astrand PO, Rodhal K. Tratado de Fisiologia do Trabalho. Porto Alegre: Artmed; 2006.

19. Hollman W, Hettinger T. Medicina de Esporte. São Paulo: Manole; 1989.

20. Qian H. Phosphorylation Energy Hypothesis: Open Chemical Systems and their Biological Functions. Annu Rev Phys Chem. 2007;58:113-42.

21. St Clair Gibson A, Goedecke JH, Harley YX et al. Metabolic Setpoint Control Mechanisms in Different Physiological Systems at Rest and During Exercise. J Theor Biol. 2005;236(1):60-72.

22. Verkhoshanski J. La adaptación a largo plazo. Stadium. 1992;153:3-10.

23. Hoppeler H, Fluck M. Normal Mammalian Skeletal Muscle and its Phenotypic Plasticity. J Exp Biol. 2002;205(Pt 15):2143-52.

24. Myburgh KH. What Makes an Endurance Athlete World-class? Not Simply a Physiological Conundrum. Comp Biochem Physiol A Mol Integr Physiol. 2003;136(1):171-90.

25. Jung AP. The Impact of Resistance Training on Distance Running Performance. Sports Med. 2003;33(7):539-52.

26. Baar K. Training for Endurance and Strength: Lessons from Cell Signaling. Med Sci Sports Exerc. 2006;38(11):1939-44.

27. Nader GA, Esser KA. Intracellular Signaling Specificity in Skeletal Muscle in Response to Different Modes of Exercise. J Appl Physiol. 2001;90(5):1936-42.

28. Weineck J. Biologia do Esporte. São Paulo: Manole; 1991.

29. Grassi B. Delayed Metabolic Activation of Oxidative Phosphorylation in Skeletal Muscle at Exercise Onset. Med Sci Sports Exerc. 2005;37(9):1567-73.

30. Campbell-O'Sullivan SP, Constantin-Teodosiu D, Peirce N, Greenhaff PL. Low Intensity Exercise in Humans Accelerates Mitochondrial ATP Production and Pulmonary Oxygen Kinetics During Subsequent More Intense Exercise. J Physiol. 2002;538(Pt 3):931-9.

31. Newsholme EA, Parry-Billings M. Some Evidence for the Existence of Substrate Cycles and their Utility in vivo. Biochem J. 1992;285 (Pt 1):340-1.

32. Tschiene P. Por una teoria distinta del entrenamiento. Stadium. 1989;138:38-43.

33. Zatsiorsky VM. Science and Practice of Strength Training. Champaign: Human Kinetics; 1995.

34. Green HJ, Jones S, Ball-Burnett M, Farrance B, Ranney D. Adaptations in Muscle Metabolism to Prolonged Voluntary Exercise and Training. J Appl Physiol. 1995;78(1):138-45.

35. Dudley GA, Abraham WM, Terjung RL. Influence of Exercise Intensity and Duration on Biochemical Adaptations in Skeletal Muscle. J Appl Physiol. 1982;53(4):844-50.

36. Recordati G. A Thermodynamic Model of the Sympathetic and Parasympathetic Nervous Systems. Auton Neurosci. 2003;103(1-2):1-12.

37. Zakarov A. Ciência do treinamento desportivo. Rio de Janeiro: Grupo Palestra Esporte; 1992.

38. Matvyev L. Periodización del entreinamiento deportivo. Madrid: INEF; 1977.

39. Fry RW, Morton AR, Keast D. Overtraining in Athletes. An Update. Sports Med. 1991;12(1):32-65.

40. Pereira B. Função das atividades motoras variadas para o rendimento físico: aspectos bioquímicos. Rev Paul Educ Fís. 1995;9(2):147-63.

41. Silva EM. Teoria e metodologia do treinamento desportivo. In: Guedes OC, editor. Atividade Física: uma abordagem multidimensional. João Pessoa: Idéia; 1997.

42. Gambetta V. Novas tendências na teoria do treinamento desportivo. Horizonte. 1993;58:123-32.

43. Henschler D. The Origin of Hormesis: Historical Background and Driving Forces. Hum Exp Toxicol. 2006;25(7):347-51.

44. Edington DW, Cosmas AC, McCafferty WB. Exercise and Longevity: Evidence for a Threshold Age. J Gerontol. 1972;27(3):341-3.

45. Moore LG, Shriver M, Bemis L, Hickler B, Wilson M, Brutsaert T et al. Maternal Adaptation to High-altitude Pregnancy: An Experiment of Nature - A Review. Placenta. 2004;25 Suppl A:S60-71.

46. Hayes DP. Nutritional Hormesis. Eur J Clin Nutr. 2007;61(2):147-59.

47. Esteve-Lanao J, San Juan AF, Earnest CP, Foster C, Lucia A. How do Endurance Runners Actually Train? Relationship with Competition Performance. Med Sci Sports Exerc. 2005;37(3):496-504.

48. Booth FW, Tseng BS, Fluck M, Carson JA. Molecular and Cellular Adaptation of Muscle in Response to Physical Training. Acta Physiol Scand. 1998;162(3):343-50.

49. Le Moal M. Historical Approach and Evolution of the Stress Concept: A Personal Account. Psychoneuroendocrinol. 2007 Aug;32(Suppl 1):S3-9.

50. Pilegaard H, Osada T, Andersen LT, Helge JW, Saltin B, Neufer PD. Substrate Availability and Transcriptional Regulation of Metabolic Genes in Human Skeletal Muscle During Recovery from Exercise. Metabolism. 2005;54(8):1048-55.

51. Cameron-Smith D. Exercise and Skeletal Muscle Gene Expression. Clin Exp Pharmacol Physiol. 2002;29(3):209-13.

52. Hoppeler H, Klossner S, Fluck M. Gene Expression in Working Skeletal Muscle. Adv Exp Med Biol. 2007;618:245-54.

53. Koulmann N, Bigard AX. Interaction between Signalling Pathways Involved in Skeletal Muscle Responses to Endurance Exercise. Pflugers Arch. 2006;452(2):125-39.

54. Somero GN, Suarez RK. Peter Hochachka: Adventures in Biochemical Adaptation. Annu Rev Physiol. 2005;67:25-37.

55. Hoppeler H, Weibel ER. Limits for Oxygen and Substrate Transport in Mammals. J Exp Biol. 1998;201(Pt 8):1051-64.

56. Weibel ER, Hoppeler H. Exercise-induced Maximal Metabolic Rate Scales with Muscle Aerobic Capacity. J Exp Biol. 2005;208(Pt 9):1635-44.

57. Fluck M, Hoppeler H. Molecular Basis of Skeletal Muscle Plasticity - From Gene to Form and Function. Rev Physiol Biochem Pharmacol. 2003;146:159-216.

58. Hoppeler H, Weibel ER. Structural and Functional Limits for Oxygen Supply to Muscle. Acta Physiol Scand. 2000;168(4):445-56.

59. Winter E. Workload: Time to Abandon? J Sports Sci. 2006;24(12):1237-8.

60. Winter EM, Fowler N. Exercise Defined and Quantified According to the Systeme International d'Unites. J Sports Sci. 2009;27(5):447-60.

61. Faulkner JA. Terminology for Contractions of Muscles during Shortening, while Isometric, and during Lengthening. J Appl Physiol. 2003;95(2):455-9.

62. Caspersen CJ, Powell KE, Christenson GM. Physical Activity, Exercise, and Physical Fitness: Definitions and Distinctions for Health-related Research. Public Health Rep. 1985;100(2):126-31.

63. Dewulf J, Van Langenhove H, Muys B, Bruers S, Bakshi BR, Grubb GF, et al. GF. Exergy: Its Potential and Limitations in Environmental Science and Technology. Environ Sci Technol. 2008;42(7):2221-32.

64. Dewulf J, Van Langenhove H, Van De Velde B. Exergy-based Efficiency and Renewability Assessment of Biofuel Production. Environ Sci Technol. 2005;39(10):3878-82.

65. Silva C, Annamalai K. Entropy Generation and Human Aging. Lifespan Entropy and the Effect of Physical Activity Level. Entropy 2008;10:100-23.

66. Wolfe J. Cellular Thermodynamics. In: Encyclopedia of Life Science. London Publisher Group; 2002.

67. Blake RW. Efficiency and Economy in Animal Physiology. Cambridge: Cambridge University Press; 1991.

68. Tonkonogi M, Sahlin K. Physical exercise and Mitochondrial Function in Human Skeletal Muscle. Exerc Sport Sci Rev. 2002;30(3):129-37.

69. Cordain L, Gotshall RW, Eaton SB. Eaton SB 3rd. Physical activity, Energy Expenditure and fitness: an Evolutionary Perspective. Int J Sports Med. 1998;19(5):328-35.

70. Cordain L, Eaton SB, Sebastian A, Mann N, Lindeberg S, Watkins BA, et al. Origins and Evolution of the Western Diet: Health Implications for the 21st Century. Am J Clin Nutr. 2005;81(2):341-54.

71. Galgani J, Ravussin E. Energy Metabolism, Fuel Selection and Body Weight Regulation. Int J Obes. (Lond.) 2008;32 Suppl 7:S109-19.

72. Stubbs RJ, Prentice AM, James WP. Carbohydrates and Energy Balance. Ann N Y Acad Sci. 1997;819:44-69.

73. Feinman RD, Fine EJ. Nonequilibrium Thermodynamics and Energy Efficiency in Weight Loss Diets. Theor Biol Med Model. 2007;4:27.

74. Feinman RD, Fine EJ. "A Calorie is a Calorie" Violates the Second Law of Thermodynamics. Nutr J. 2004;3:9.

75. Landsberg L, Young J, Leonard R, Linsenmeier R, Turek F. Is Obesity Associated with Lower Body Temperatures? Core Temperature: A Forgotten Variable in Energy Balance. Metabolism. 2009;58(6):871-6.

76. Harper ME, Green K, Brand MD. The Efficiency of Cellular Energy Transduction and its Implications for Obesity. Annu Rev Nutr. 2008;28:13-33.

77. Schutz Y. Dietary Fat, Lipogenesis and Energy Balance. Physiol Behav. 2004;83(4):557-64.

78. Schutz Y. Concept of Fat Balance in Human Obesity Revisited with Particular Reference to de Novo Lipogenesis. Int J Obes Relat Metab Disord. 2004;28(Suppl 4):S3-11.

79. Adam-Vizi V, Chinopoulos C. Bioenergetics and the Formation of Mitochondrial Reactive Oxygen Species. Trends Pharmacol Sci. 2006;27(12):639-45.

80. Hulbert AJ, Turner N, Storlien LH, Else PL. Dietary Fats and Membrane Function: Implications for Metabolism and Disease. Biol Rev Camb Philos Soc. 2005;80(1):155-69.

81. Hulbert AJ. The Links Between Membrane Composition, Metabolic Rate and Lifespan. Comp Biochem Physiol A Mol Integr Physiol. 2008;150(2):196-203.

82. Hulbert AJ. Life, Death and Membrane Bilayers. J Exp Biol. 2003;206(Pt 14):2303-11.

83. Iossa S, Lionetti L, Mollica MP et al. Effect of High-fat Feeding on Metabolic Efficiency and Mitochondrial Oxidative Capacity in Adult Rats. Br J Nutr. 2003;90(5):953-60.

84. Ricquier D. Respiration Uncoupling and Metabolism in the Control of Energy Expenditure. Proc Nutr Soc. 2005;64(1):47-52.

85. Hulbert AJ. Membrane Fatty Acids as Pacemakers of Animal Metabolism. Lipids. 2007;42(9):811-9.

86. Abbott SK, Else PL, Hulbert AJ. Membrane Fatty Acid Composition of Rat Skeletal Muscle is Most Responsive to the Balance of Dietary n-3 and n-6 PUFA. Br J Nutr. 2009:1-8.

87. Wojtczak L, Wieckowski MR. The Mechanisms of Fatty Acid-induced Proton Permeability of the Inner Mitochondrial Membrane. J Bioenerg Biomembr. 1999;31(5):447-55.

88. Harper M-E, Bevilacqua AL, Bezaire L, Monemdjou S. Cellular Energy Expenditure and the Importance of Uncoupling. J Anim Sci. 2002;80:90-7.

89. Weber JM. The Physiology of Long-distance Migration: Extending the Limits of Endurance Metabolism. J Exp Biol. 2009;212(Pt 5):593-7.

90. Parsons PA. Environments and Evolution: Interactions between Stress, Resource Inadequacy and Energetic Efficiency. Biol Rev Camb Philos Soc. 2005;80(4):589-610.

91. Fernstrom M, Tonkonogi M, Sahlin K. Effects of Acute and Chronic Endurance Exercise on Mitochondrial Uncoupling in Human Skeletal Muscle. J Physiol. 2004;554(Pt 3):755-63.

92. Ettema G, Loras HW. Efficiency in Cycling: A Review. Eur J Appl Physiol. 2009;106(1):1-14.

93. Kilgore JL, Rippetoe CM. Redefining Fitness for Health and Fitness Professionals. JEPonline. 2007;10(1):34-9.

94. Steudel-Numbers KL. The Energetic Cost of Locomotion: Humans and Primates Compared to Generalized Endotherms. J Hum Evol. 2003;44(2):255-62.

95. Richmond BG, Begun DR, Strait DS. Origin of Human Bipedalism: The Knuckle-Walking Hypothesis Revisited. Am J Phys Anthropol. 2001;Suppl 33:70-105.

96. Wood B, Richmond BG. Human Evolution: Taxonomy and Paleobiology. J Anat. 2000;197(Pt 1):19-60.

97. Parsons PA. The Ecological Stress Theory of Aging and Hormesis: An Energetic Evolutionary Model. Biogerontology. 2007;8(3):233-42.

98. Schmidt-Nielsen K. Fisiologia Animal: adaptação e meio ambiente. São Paulo: Santos; 2002.

99. Skulachev VP. The Laws of Cell Energetics. Eur J Biochem. 1992;208(2):203-9.

100. Smith E. Thermodynamics of Natural Selection I: Energy Flow and the Limits on Organization. J Theor Biol. 2008;252(2):185-97.

101. Smith E. Thermodynamics of Natural Selection II: Chemical Carnot Cycles. J Theor Biol. 2008;252(2):198-212.

102. Toussaint O, Schneider ED. The Thermodynamics and Evolution of Complexity in Biological Systems. Comp Biochem Physiol A Mol Integr Physiol. 1998;120(1):3-9.

103. Krustrup P, Ferguson RA, Kjaer M, Bangsbo J. ATP and Heat Production in Human Skeletal Muscle during Dynamic Exercise: Higher Efficiency of Anaerobic than Aerobic ATP Resynthesis. J Physiol. 2003;549(Pt 1):255-69.

104. Recordati G, Bellini TG. A Definition of Internal Constancy and Homeostasis in the Context of Non-equilibrium Thermodynamics. Exp Physiol. 2004;89(1):27-38.

105. Mogensen M, Sahlin K. Mitochondrial Efficiency in Rat Skeletal Muscle: Influence of Respiration Rate, Substrate and Muscle Type. Acta Physiol Scand. 2005;185(3):229-36.

106. Hinkle PC. P/O Ratios of Mitochondrial Oxidative Phosphorylation. Biochim Biophys Acta. 2005;1706(1-2):1-11.

107. Billat VL, Wesfreid E, Kapfer C, Koralsztein JP, Meyer Y. Nonlinear Dynamics of Heart Rate and Oxygen Uptake in Exhaustive 10,000 m Runs: Influence of Constant vs. Freely Paced. J Physiol Sci. 2006;56(1):103-11.

108. Leblanc PJ, Howarth KR, Gibala MJ, Heigenhauser GJ. Effects of 7 wk of Endurance Training on Human Skeletal Muscle Metabolism during Submaximal Exercise. J Appl Physiol. 2004;97(6):2148-53.

109. Toussaint O, Royer V, Salmon M, Remacle J. Stress-induced Premature Senescence and Tissue Ageing. Biochem Pharmacol. 2002;64(5-6):1007-9.

110. Toussaint O, Dumont P, Dierick JF et al. Stress-induced Premature Senescence. Essence of Life, Evolution, Stress, and Aging. Ann N Y Acad Sci. 2000;908:85-98.

111. Befroy DE, Petersen KF, Dufour S, Mason GF, Rothman DL, Shulman GI. Increased Substrate Oxidation and Mitochondrial Uncoupling in Skeletal Muscle of Endurance-trained Individuals. Proc Natl Acad Sci USA. 2008;105(43):16701-6.

112. Bangsbo J, Gibala MJ, Howarth KR, Krustrup P. Tricarboxylic Acid Cycle Intermediates Accumulate at the Onset of Intense Exercise in Man but are Not Essential for the Increase in Muscle Oxygen Uptake. Pflugers Arch 2006;452(6):737-43.

113. Gibala MJ, Gonzalez-Alonso J, Saltin B. Dissociation between Muscle Tricarboxylic Acid Cycle Pool Size and Aerobic Energy Provision during Prolonged Exercise in Humans. J Physiol. 2002;545(Pt 2):705-13.

114. Russell AP, Somm E, Praz M et al. UCP3 Protein Regulation in Human Skeletal Muscle Fibre Types I, IIa and IIx is Dependent on Exercise Intensity. J Physiol. 2003;550(Pt 3):855-61.

115. Boss O, Hagen T, Lowell BB. Uncoupling Proteins 2 and 3: Potential Regulators of Mitochondrial Energy Metabolism. Diabetes. 2000;49(2):143-56.

116. Brookes PS. Mitochondrial H(+) Leak and ROS Generation: An Odd Couple. Free Radic Biol Med. 2005;38(1):12-23.

117. Jiang N, Zhang G, Bo H et al. Upregulation of Uncoupling Protein-3 in Skeletal Muscle during Exercise: A Potential Antioxidant Function. Free Radic Biol Med. 2009;46(2):138-45.

118. Porter RK. Allometry of Mammalian Cellular Oxygen Consumption. Cell Mol Life Sci. 2001;58(5-6):815-22.

119. Porter RK. Mitochondrial Proton Leak: A Role For Uncoupling Proteins 2 and 3? Biochim Biophys Acta. 2001;1504(1):120-7.

120. Porter RK, Andrews JF. Effects of Leptin on Mitochondrial "Proton Leak" and Uncoupling Proteins: Implications for Mammalian Energy Metabolism. Proc Nutr Soc. 1998;57(3):455-60.

121. Porter RK, Brand MD. Body Mass Dependence of H+ Leak in Mitochondria and its Relevance to Metabolic Rate. Nature. 1993;362(6421):628-30.

122. Porter RK, Brand MD. Cellular Oxygen Consumption Depends on Body Mass. Am J Physiol. 1995;269(1 Pt 2):R226-8.

123. Sabater B. Are Organisms Committed to Lower their Rates of Entropy Production? Possible Relevance to Evolution of the Prigogine Theorem and the Ergodic Hypothesis. Biosystems 2006;83(1):10-7.

124. Hulbert AJ. Explaining Longevity of Different Animals: Is Membrane Fatty Acid Composition the Missing Link? Age (Dordr). 2008;30(2-3):89-97.

125. Hoyt DF, Wickler SJ, Dutto DJ, Catterfeld GE, Johnsen D. What are the Relations between Mechanics, Gait Parameters, and Energetics in Terrestrial Locomotion? J Exp Zool A Comp Exp Biol. 2006;305(11):912-22.

126. Barja G. Mitochondrial Oxygen Consumption and Reactive Oxygen Species Production are Independently Modulated: Implications for Aging Studies. Rejuvenation Res. 2007;10(2):215-24.

127. Constable SH, Favier RJ, McLane JA, Fell RD, Chen M, Holloszy JO. Energy Metabolism in Contracting Rat Skeletal Muscle: Adaptation to Exercise Training. Am J Physiol. 1987;253(2 Pt 1):C316-22.

128. Souza Junior T, Oliveira PR, Pereira B. Exercício físico e estresse oxidativo: Efeitos do exercício físico intenso sobre a quimiolumunescência urinária e malondialdeído plasmático. Rev Bras Med Esporte. 2005;11(1):91-6.

129. Speakman JR, Talbot DA, Selman C et al. Uncoupled and Surviving: Individual Mice with High Metabolism Have Greater Mitochondrial Uncoupling and Live Longer. Aging Cell 2004;3(3):87-95.

130. Guderley H, Turner N, Else PL, Hulbert AJ. Why are Some Mitochondria More Powerful than Others: Insights from Comparisons of Muscle Mitochondria from three Terrestrial Vertebrates. Comp Biochem Physiol B Biochem Mol Biol. 2005;142(2):172-80.

131. Cairns CB, Walther J, Harken AH, Banerjee A. Mitochondrial Oxidative Phosphorylation Thermodynamic Efficiencies Reflect Physiological Organ Roles. Am J Physiol. 1998;274(5 Pt 2):R1376-83.

132. Conti B. Considerations on Temperature, Longevity and Aging. Cell Mol Life Sci. 2008;65(11):1626-30.

133. Gundersen K, Bruusgaard JC. Nuclear Domains during Muscle Atrophy: Nuclei Lost or Paradigm Lost? J Physiol. 2008;586(Pt 11):2675-81.

134. Cannon W. Organization for Physiologycal Homeostasis. Physiol Rev. 1929;9:339-431.

135. Selye H. The Alarm Reaction and the Diseases of Adaptation. Ann Intern Med. 1948;29(3):403-15.

136. Bertalanffy LV. Teoria Geral dos Sistemas. São Paulo: Vozes; 2009.

137. Bernard-Weil E. Pathological Homeostasis: Its Meaning, its Inferences. Med Hypotheses. 1999;53(1):24-31.

138. Viru A. Molecular Cellular Mechanisms of Training Effects. J Sports Med Phys Fitness. 1994;34(4):309-22.

139. Viru M. Differences in Effects of Various Training Regimens on Metabolism of Skeletal Muscles. J Sports Med Phys Fitness. 1994;34(3):217-27.

140. Liebovitch JR, Scheurle D. Two Lessons from Fractals and Chaos. Complexity. 2000;5(4):34-43.

141. Lipsitz LA. Physiological Complexity, Aging, and the Path to Frailty. Sci Aging Knowledge Environ. 2004;2004(16):16.

142. McEwen BS, Wingfield JC. The Concept of Allostasis in Biology and Biomedicine. Horm Behav. 2003;43(1):2-15.

143. Rasia-Filho AA. Is There Anything "Autonomous" in the Nervous System? Adv Physiol Educ. 2006;30(1):9-12.

144. Sterling P. Allostasis: a New Paradigm to Explain Arousal Pathology. In: Fischer S, Reason J (Ed.). Handbook of Life Stress, Cognition and Health. New York: John Wiley & Sons; 1988. p.629-49.

145. Sterling P. Principles of Allostasis: Optimal Design, Predictive Regulation, Pathophysiology and Rational Therapeutics. In: Schulkin J (Ed.). Allostasis, Homeostasis, and the Costs of Adaptation. Cambridge: MIT Press; 2004.

146. Carpenter RH. Homeostasis: A Plea for a Unified Approach. Adv Physiol Educ. 2004;28(1-4):180-7.

147. Moore-Ede MC. Physiology of the Circadian Timing System: Predictive versus Reactive Homeostasis. Am J Physiol. 1986;250(5 Pt 2):R737-52.

148. Mrosovsky N. Rheotasis: The Physiology of Change. New York: Oxford Univ Press; 1990.

149. Mrosovisky N, Powley T. Set Points for Body Weight and Fat. Behav Biol. 1977;20(2):205-23.

150. Day TA. Defining Stress as a Prelude to Mapping its Neurocircuitry: No Help from Allostasis. Prog Neuropsychopharmacol Biol Psychiatry. 2005;29(8):1195-200.

151. Woods SC, Ramsay DS. Homeostasis: Beyond Curt Richter. Appetite. 2007;in press.

152. Cabanac M. Adjustable Set Point: To Honor Harold T. Hammel. J Appl Physiol. 2006;100(4):1338-46.

153. Berridge KC. Motivation Concepts in Behavioral Neuroscience. Physiol Behav. 2004;81(2):179-209.

154. Prosser CL. Adaptational Biology. Molecules to Organisms. New York: John Wiley & Sons; 1986.

155. Futuyma DJ. Biologia evolutiva. Ribeirão Preto: Sociedade Brasileira de Genética/CNPq; 1992.

156. Andrews PW, Gangestad SW, Matthews D. Adaptationism - How to Carry Out an Exaptationist Program. Behav Brain Sci. 2002;25(4):489-504; discussion -53.

157. Dawkins R. O gene egoísta. Belo Horizonte/São Paulo: Itatiaia/Edusp; 1979.

158. Maclaurin J. Reinventing Molecular Weismannism: Information in Evolution. Biol Philo. 1998;13:37-59.

159. Baldwin M. A New Factor in Evolution. The Am Nat. 1896;30:441-51.

160. Crispo E. The Baldwin Effect and Genetic Assimilation: Revisiting Two Mechanisms of Evolutionary Change Mediated by Phenotypic Plasticity. Evolution. 2007;61(11):2469-79.

161. Kiefer JC. Epigenetics in Development. Dev Dyn. 2007;236(4):1144-56.

162. Van Speybroeck L. From Epigenesis to Epigenetics: The Case of C. H. Waddington. Ann N Y Acad Sci. 2002;981:61-81.

163. Van Speybroeck L, De Backer P, Van Poucke J, De Waele D. The Conceptual Challenge of Systems Biology. Bioessays. 2005;27(12):1305-7.

164. Agutter PS. Cell Mechanics and Stress: From Molecular Details to the "Universal Cell Reaction" and Hormesis. Bioessays 2007;29(4):324-33.

165. Walsh JL, Keith TJ, Knull HR. Glycolytic Enzyme Interactions with Tubulin and Microtubules. Biochim Biophys Acta. 1989;999(1):64-70.

166. Montgomery H, Safari L. Genetic Basis of Physical Fitness. Annu Rev Anthropol. 2007;36:391-405.

167. Le Galliard JF, Clobert J, Ferriere R. Physical Performance and Darwinian Fitness in Lizards. Nature. 2004;432(7016):502-5.

168. Brutsaert TD, Parra EJ. What Makes a Champion? Explaining Variation in Human Athletic Performance. Respir Physiol Neurobiol. 2006;151(2-3):109-23.

169. Wells JC. The Thrifty Phenotype Hypothesis: Thrifty Offspring or Thrifty Mother? J Theor Biol. 2003;221(1):143-61.

170. Moran E. Adaptabilidade humana. São Paulo: EDUSP; 1994.

171. Souza Junior TP, Pereira B. Adaptação e rendimento físico: considerações biológicas e antropológicas. R Bras Ci e Mov. 2005;13(2):145-52.

172. Himes JH. Racial Variation in Physique and Body Composition. Can J Sport Sci. 1988;13(2):117-26.

173. Suminski RR, Mattern CO, Devor ST. Influence of Racial Origin and Skeletal Muscle Properties on Disease Prevalence and Physical Performance. Sports Med. 2002;32(11):667-73.

174. Malina RM. Racial/Ethnic Variation in the Motor Development and Performance of American Children. Can J Sport Sci. 1988;13(2):136-43.

175. Fields DA, Bemben MG, Mayhew JL. The Influence of Muscle Group Location and Race on the Relationship between Muscle Strength and Power. J Sports Med Phys Fitness. 1997;37(1):24-31.

176. Abe T, Brown JB, Brechue WF. Architectural Characteristics of Muscle in Black and White College Football Players. Med Sci Sports Exerc. 1999;31(10):1448-52.

177. Weston AR, Karamizrak O, Smith A, Noakes TD, Myburgh KH. African Runners Exhibit Greater Fatigue Resistance, Lower Lactate Accumulation, and Higher Oxidative Enzyme Activity. J Appl Physiol. 1999;86(3):915-23.

178. Larsen HB. Kenyan Dominance in Distance Running. Comp Biochem Physiol A Mol Integr Physiol. 2003;136(1):161-70.

179. Parry-Billings M, Evans J, Calder PC, Newsholme EA. Does Glutamine Contribute to Immunosuppression After Major Burns? Lancet. 1990;336(8714):523-5.

180. Blomstrand E, Ekblom B, Newsholme EA. Maximum Activities of Key Glycolytic and Oxidative Enzymes in Human Muscle from Differently Trained Individuals. J Physiol. 1986;381:111-8.

181. Bertalanffy LV. The Theory of Open Systems in Physics and Biology. Science. 1950;111:23-9.

182. Bourguignon A. História natural do homem. 1. O Homem imprevisto. Rio de Janeiro: ZAHAR; 1990.

183. Amaral LA, Diaz-Guilera A, Moreira AA, Goldberger AL, Lipsitz LA. Emergence of Complex Dynamics in a Simple Model of Signaling Networks. Proc Natl Acad Sci USA. 2004;101(44):15551-5.

184. Edelman GM, Gally JA. Degeneracy and Complexity in Biological Systems. Proc Natl Acad Sci USA. 2001;98(24):13763-8.

185. Salthe SN. The Natural Philosophy of Work. Entropy. 2007;9:83-99.

186. Barabasi AL, Oltvai ZN. Network Biology: Understanding the Cell's Functional Organization. Nat Rev Genet. 2004;5(2):101-13.

187. Barabasi AL, Albert R. Emergence of Scaling in Random Networks. Science. 1999;286(5439):509-12.

188. Dawson KD, Baker DJ, Greenhaff PL, Gibala MJ. An Acute Decrease in TCA Cycle Intermediates does not Affect Aerobic Energy Delivery in Contracting Rat Skeletal Muscle. J Physiol. 2005;565(Pt 2):637-43.

189. Weibel ER, Taylor CR, Hoppeler H. The Concept of Symmorphosis: a Testable Hypothesis of Structure-function Relationship. Proc Natl Acad Sci USA. 1991;88(22):10357-61.

190. Bak P, Paczuski M. Complexity, Contingency, and Criticality. Proc Natl Acad Sci USA. 1995;92(15):6689-96.

191. Lipsitz LA, Goldberger AL. Loss of "Complexity" and Aging. Potential Applications of Fractals and Chaos Theory to Senescence. Jama. 1992;267(13):1806-9.

192. Garcia-Manso JM, Martin-Gonzalez JM, Davila N, Arriaza E. Middle and Long Distance Athletics Races Viewed from the Perspective of Complexity. J Theor Biol. 2005;233(2):191-8.

193. Melendez R, Melendez-Hevia E, Canela EI. The Fractal Structure of Glycogen: A Clever Solution to Optimize Cell Metabolism. Biophys J. 1999;77(3):1327-32.

194. Yun AJ, Bazar KA, Gerber A, Lee PY, Daniel SM. The Dynamic Range of Biologic Functions and Variation of Many Environmental Cues may be Declining in the Modern Age: Implications for Diseases and Therapeutics. Med Hypotheses. 2005;65(1):173-8.

Sobre os autores

Benedito Pereira

É professor da Escola de Educação Física e Esporte da Universidade de São Paulo – EFEUSP, mestre em Ciências Biológicas (Bioquímica) – IQ-USP e doutor em Biologia Funcional e Molecular – UNICAMP.

Tácito Pessoa de Souza Junior

É professor da Universidade Federal do Paraná – UFPR, mestre e doutor em Ciências do Esporte – UNICAMP.

SOBRE O LIVRO
Formato: 21 x 28 cm
Mancha: 12 x 20,8 cm
Papel: Offset 90 g
nº páginas: 224
2ª edição: 2011

EQUIPE DE REALIZAÇÃO
Assistência Editorial
Nathalia Ferrarezi

Assessoria Editorial
Maria Apparecida Faria Marcondes Bussolotti

Edição de Texto
Juliana Maria Mendes (Preparação do original e copidesque)
Jane Cristina Mathias Cantu (Revisão)

Editoração Eletrônica
Renata Tavares (Capa, projeto gráfico e diagramação)
Ricardo Howards (Ilustrações)

Impressão
Intergraf